超暇つぶし図鑑

ARuFa

宝島社

はじめに

「人は行動せねば生きてはいけない。ゆえに退屈とは恐ろしいものである」

——ハンス・ワーグナー

この言葉にあるように、我々は常に行動することを求めています。

しかし同時に、人生には「暇な時間」が存在するのも事実です。予定のない休日、通勤通学中、家事の合間など、我々の生活のそこかしこには、使い道のない時間があふれています。

そして、退屈な時間を、あの手この手で楽しむのが『**暇つぶし**』です。

私は十数年間、やるべきことをあまりせず、暇つぶしばかりしてきました。そう、本末転倒です。しかし、人生において「やるべきこと」は有限ですが、「しなくてもいいこと」は無限にあるもの。そこに目を向けた時、きっとあなたの人生から退屈な時間はなくなることでしょう。

この本は、私がこれまでにしてきた「暇つぶし」をまとめたものです。あなたが暇で暇で仕方なくなった時に、暇をつぶす参考にしてもらえればと思います。

あと、全然関係ないですが、最初に名言っぽいことを言っている『ハンス・ワーグナー』という人は存在しません。何故ならこれは私が10分くらいで考えた言葉だからです。ごめんなさい。

ARuFa

もくじ

超
暇つぶし
図鑑

下敷きを連結するとバリアを張ることができる

時　間	：	3時間
分　類	：	工作
弱　点	：	風の抵抗がすごい
難易度	：	★★☆☆☆

突然ですが、あなたは**バリアを張ってみたい**と思ったことはありませんか？きっと一度はあるはずです。事実、ハーバード大学からは**『人類の82%がバリアに憧れている』**という内容の論文が発表されたらいいなぁ〜、と私は思っています。

さて、そんな誰もが憧れるバリアですが、透明な下敷きをテープで連結し、完成したものを両面テープで手に貼り付けるだけで、「**バリアっぽいもの**」を作ることができます。ただ下敷きを貼り合わせているだけなのに、あなたの防御力は格段に上昇するのです。あとは好きなポーズをとって写真を撮れば、あなたもファンタジーの仲間入り。街中で思い切りバリアを張って警察に職務質問されよう。

800円
60分/100円

説明書を見ずに何か作ると、新しいモノを生み出せる

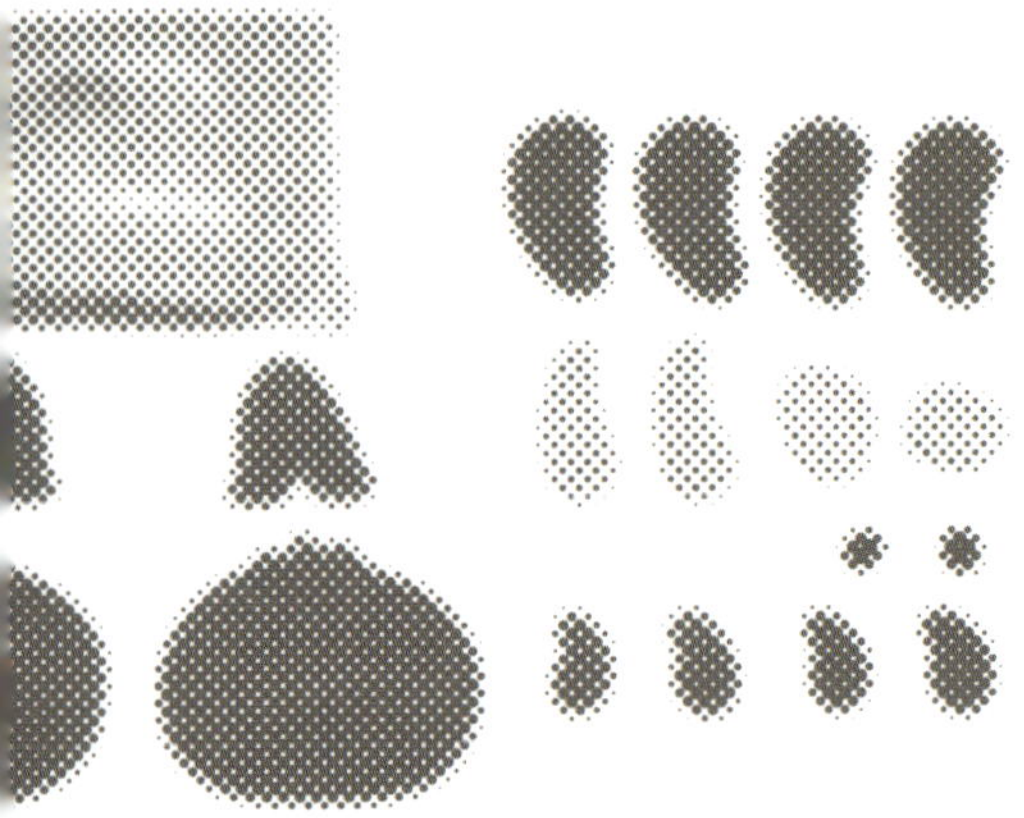

時　間	：	１時間
分　類	：	工作
想像力	：	酷使する
難易度	：	★★★☆☆

市販されているプラモデルや手芸キットなどには、必ず**完成図と説明書**が封入されているもの。それを正直に見ながら作品を作るだけでも時間をつぶすことは可能ですが、あえてそれらの情報を一切見ず、**パーツの形状だけをヒント**に作品を完成させてみてはいかがでしょうか？

第三者に商品を買ってきてもらい、パーツだけを受け取る必要がありますが、そこから先は己の想像力との勝負。「このパーツは一番大きいから頭だろう」など、少ないヒントから完成形を予想して作品を作り上げるのです。

完成後、初めて完成図を見たあなたは、手中に収まる新たな生命体に驚愕することでしょう。しかし作ったのはあなた自身。責任を持って可愛がってください。

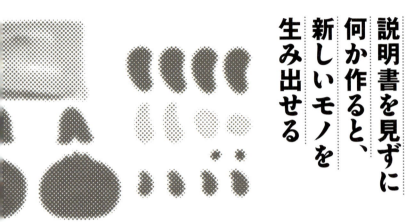

Sugarbunnies
© 2004, 2009 SANRIO CO., LTD. TOKYO, JAPAN
くろうさ
BU580
所要時間
約100分
用意するもの
針・まち針・はさみ
手芸用ボンド
みみと手が
動くよ!
出来上がりサイズ:
幅 約85㎜×高さ 約80㎜(ボールチェーン含ます)
※写真はイメージです。実際のデザインと多少異なる場合があります。
※セットされているパーツの色が異なる場合がありますので
お確かめの上お買い求めください。
Sanrio
著作 (株)サンリオ
FOR SALE IN JAPAN ONLY
販売地域:日本限定
発売元 株式会社タカラトミー
販売元 パイオニア株式会社

スイカバーは、15個買うと輪切りスイカになる

時　間	：20分
分　類	：食べ物
熱　量	：1755kcal
難易度	：★☆☆☆☆

今、あなたに時間があるのならば、**幼き頃の夢**は率先して叶えてゆくべきでしょう。何故なら、小さい頃は諦めざるを得なかった夢でも、大人になれば叶えられるものがたくさんあるからです。

そんな私は小さい頃に「スイカバーをたくさん買って輪切りスイカにしたい！」と親にせがんだところ、「意味がわからん」と切り捨てられ、「うおお輪切りー！」と大泣きして鼻血を出した経験がありました。

そこで大人になった今、私は大量のスイカバーを購入し、ついに幼き頃に夢見た光景を実現させることに成功。あの日、私を切り捨てた母親に吠え面《づら》をかかせるべく、これ見よがしに写真を送りつけたところ、今度は「いい大人が何をしてるんだ？」と切り捨てられました。うおお輪切りー！

観光名所にモロかぶりして記念写真を撮ると、勝った気持ちになれる

時　間	10秒
分　類	写真
思い出	残らない
難易度	★☆☆☆☆

「観光名所とともに記念写真を撮る」この行為はもはや人間の**本能**と言ってもいいでしょう。人々は観光名所を前にした瞬間、虚ろな目でシャッターボタンを連打し、紫芋アイスを食べて帰宅するようＤＮＡに刻み込まれているのです。

　しかし、我々は高い知能と美しい道徳観を持つ知的生命体。獣のように本能に任せて記念写真を撮るのではなく、**いっそ観光名所にモロかぶり**して記念写真を撮るような、高い精神性を養う必要があるのではないでしょうか。この写真は鎌倉の大仏ですが、私にはまだ**京都の金閣寺**にモロかぶりする自信はありません。恐らく、金閣寺を前にした私は、我を忘れて記念写真を撮り始めるでしょう。もしそうなったら、あなたが私を殺してください。

HIMA. 05

部屋を森にすると、室内で森林浴ができる

普段過ごしている部屋でも、模様替えをすると新鮮な気分を味わうことができます。とはいえ、ただただ家具の配置を入れ替えているだけでは、そのうちパターンも尽きてしまうもの。そこでそんなマンネリ化を防ぐためにも、ここは一つ、部屋を「**森**」に模様替えしてみてはいかがでしょうか？　森はなにかと落ち着きますし、部屋を森にすれば**自宅にいながら森林浴**も可能。ここまでメリットだらけだと、やらない手はありませんよね。

部屋を森にするのは意外と簡単。土を100キロほど床に敷き詰め、芝生や草花を植え、拡大印刷した森の写真パネルを壁に立てかけるだけ。それだけで見慣れた部屋を解放感あふれる森に変身させることができます。川を作ったり観葉植物を置いたりなど、好みの森を作るのもいいでしょう。エアコンを使って気温調節をすれば四季を操れるだけでなく、出前を頼めば森の中でピザを食べることさえできます。楽園です。

ちなみに、この森は3日目から独特の腐敗臭がし始めるので、そうなったらすぐに撤去しましょう。

時　間	：	6時間
分　類	：	暮らし
敷　金	：	終了
難易度	：	★★★★☆

jardin

オモチャを使えば、自宅でケバブを作れる

時　間	： １時間
分　類	： 食べ物
再現度	： ほぼ本物
難易度	： ★★★☆☆

繁華街やお祭りなどで見かけるケバブの屋台。巨大な肉の塊をバカみたいに回転させながら豪快に焼いている様子は、他のどの屋台よりも目を引きますよね。

もしも、屋台でしか食べられなかったケバブが、工夫次第で自宅でも楽しめたとしたら興奮しませんか？　しますよね？　あなたみたいな人間は自宅でケバブが作れたら興奮してしまいますよね？　安心してください。私もです。

用意する物は３つ。**棒状に巻いた肉、ハロゲンヒーター**、そして昔懐かしい**回転する魚釣りのオモチャ**です。

丸めた肉を魚釣りのオモチャにセットして回転させ、ハロゲンヒーターを置けば、屋台のそれとまったく同じ機構を作り出すことができます。あとは魚釣りをしつつ肉が焼けるのを待ちましょう。そして憧れのケバブを自宅で焼けば、部屋がビックリするくらい臭くなり、あの屋台がなぜ屋外にあるのかがわかるはずです。

トイレにサイリウムを落とすと、セーブポイントっぽくなる

時　間	：好きなだけ
分　類	：新感覚
回収法	：割り箸で
難易度	：★☆☆☆☆

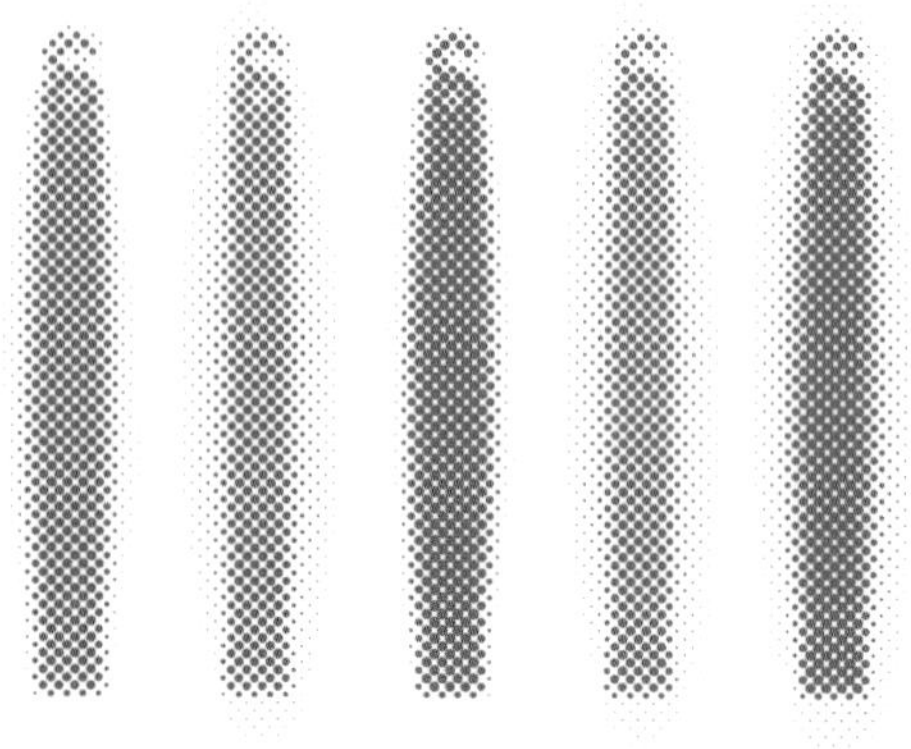

それは、私がトイレでサイリウムを振りながら用を足していた時のことでした。水を流してトイレから出ようとした際、サイリウムが手から滑り落ち、あろうことか便器の中に落ちてしまったのです。

しかしどうでしょう。サイリウムがトイレに音を立てて着水した瞬間、目の前に青い光を放つ**『セーブポイント』**が現れたではありませんか。

「……歴史的な発見は、些細な偶然によってもたらされる、か」

私はそう呟き、その美しく輝く光の中にものっすごい勢いで放尿をしました。

今となっては何故そんなことをしたのかはわかりません。すみません。

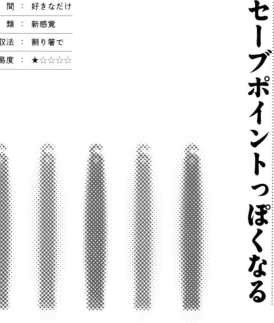

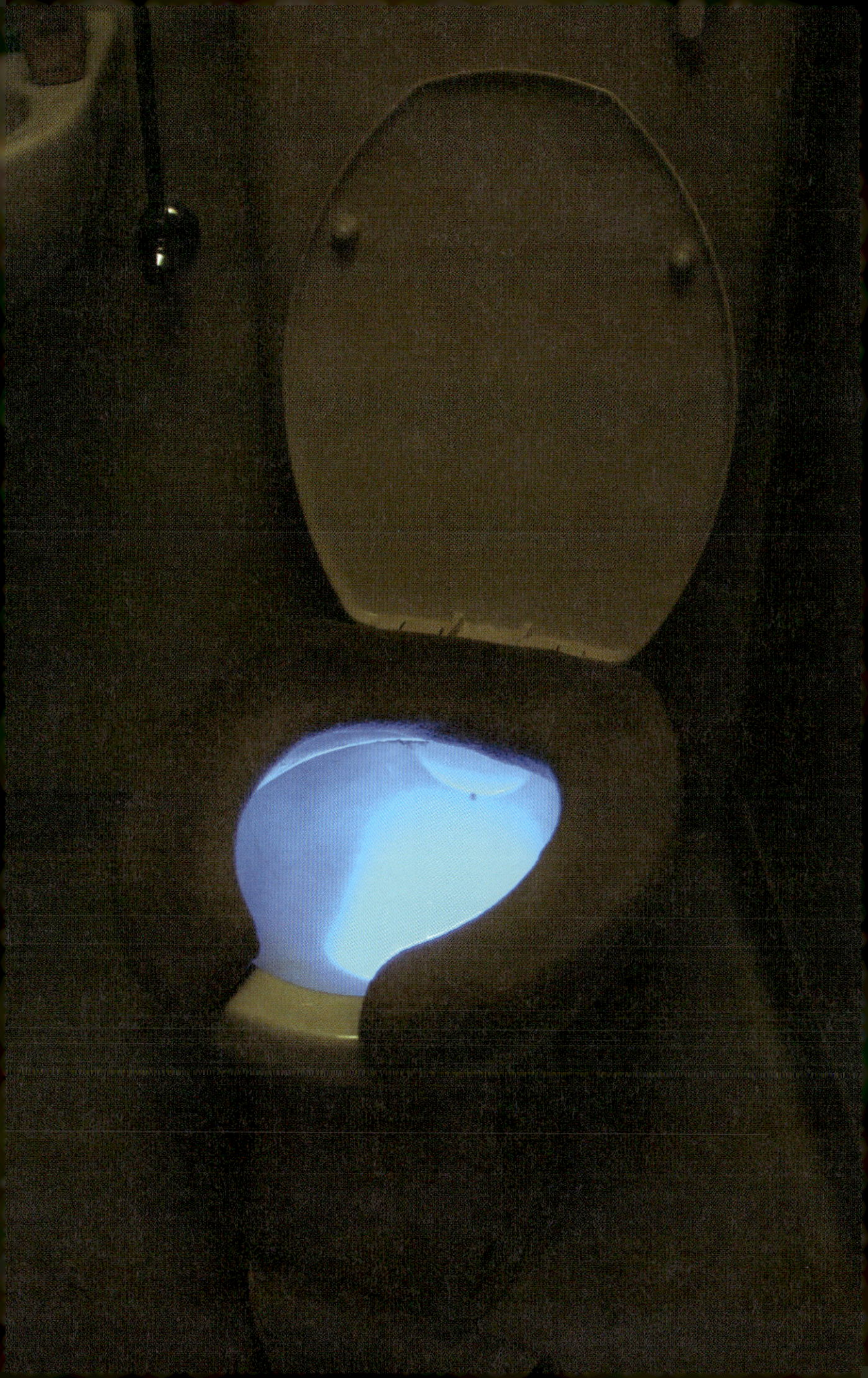

そうめんを固めると、ダイナミックに食べることができる

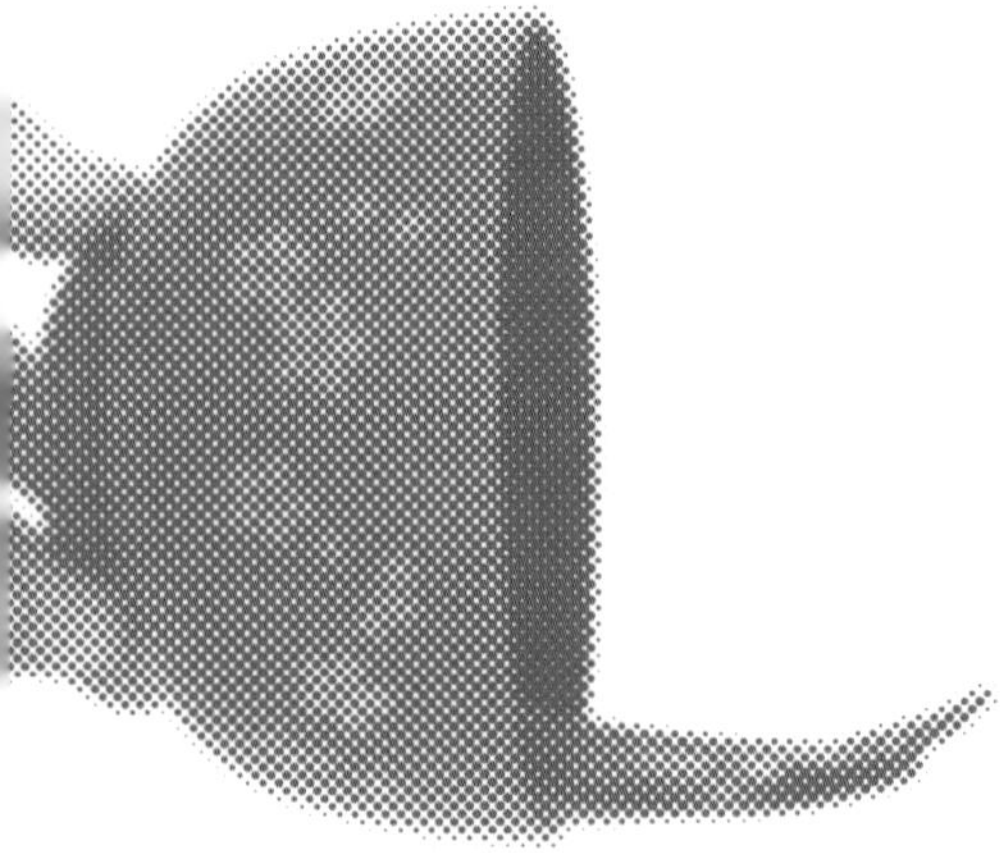

時　間	：　2日
分　類	：　食べ物
味	：　固くてまずい
難易度	：　★★☆☆☆

夏の風物詩である**そうめん**。夏を乗り切るためになくてはならない食べ物ですが、そうめんを食べている時のあの**地味**さたるや、由々《ゆゆ》しき問題だとは思いませんか？　重力に屈服し、だらしなく垂れた麺をチミチミとすする様子は、まるでお葬式のような寂しさがありますよね。

さて、そんなそうめんは、ハンガーにかけて乾燥させるだけで**ダイナミック**に食べることができます。数日放置したそうめんは重力にも負けない固さに生まれ変わるため、それを咥《くわ》えながらかっこいいポーズをすれば、まるでダイナミックにそうめんを食べているような写真が撮れるのです。躍動感あふれる写真を撮って、この夏のヒーローになりましょう。

実際にそうめんをダイナミックに食べている写真

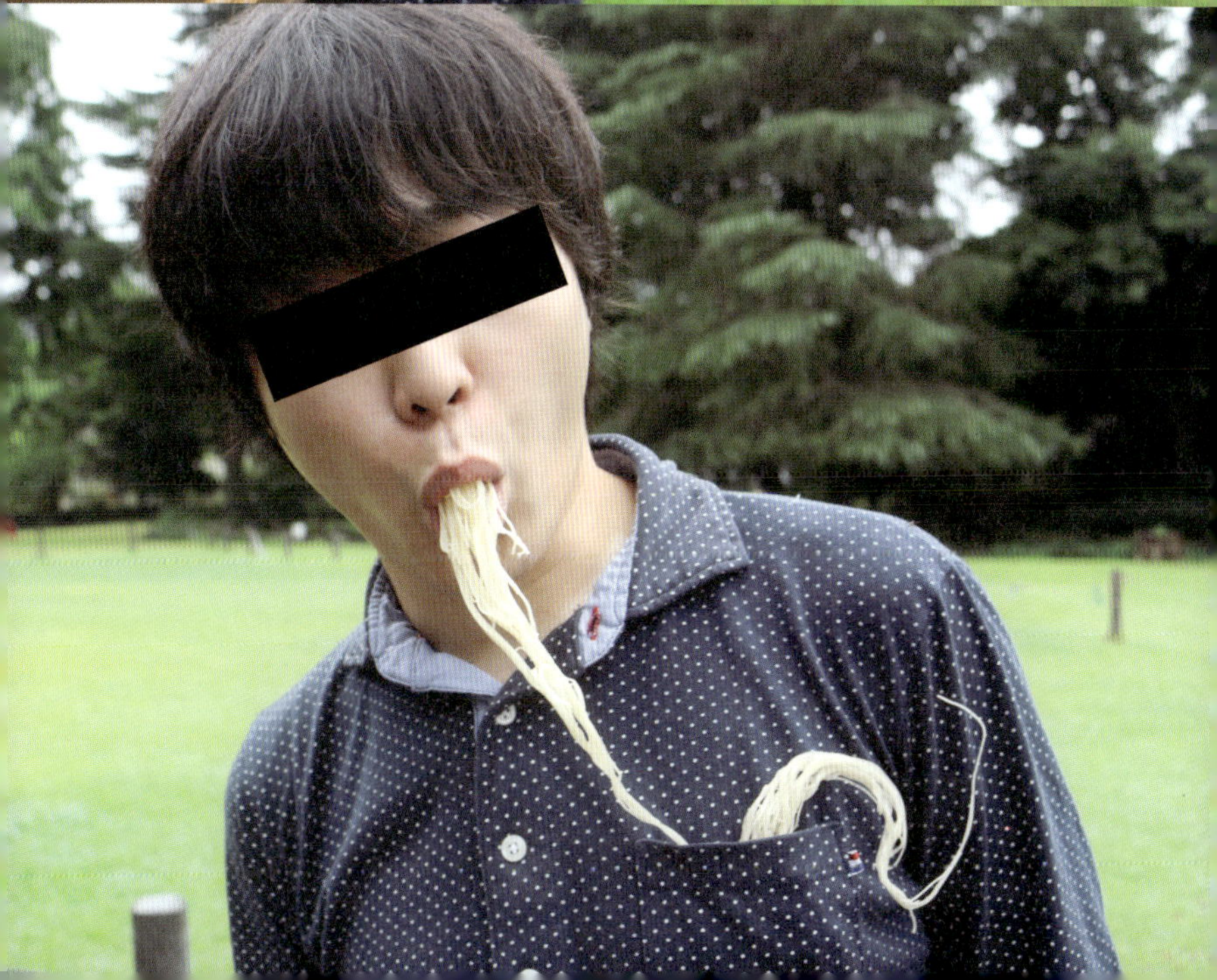

中学生の頃に書いた歌詞を、今になって添削してもらおう！

みんなも若気《わかげ》の至りでオリジナルの歌詞やポエムを書いたことがあるんじゃないかな？
大人になった今こそ、そんな青春の１ページを出版社の人に添削してもらおう！

月　日　曜日（　　）

「今ここが現在地」　当たり前では？

やまない雨は無い　明けない夜も無い　当たり前では？
呼吸を止めれば生きられない　それはそうでは？

流れゆく時の中で　止まらない時間の中で　同じ意味です
当たり前のように　季節はうつろうけど　当たり前です
君のいない冬は　寒いんだね　本来、冬は寒いものです

勉強すれば　頭が良くなるよ　そうですね
勉強するだけ良くなるよ　頭　そうですね
それでも　学校は教えてくれないよ　何を？
でっかい爆弾の投げ方を　当たり前です

何がなんでも　法律は守ろう　そうした方が良いですね
何がなんでも　君を守ろう　良い心がけです
君を守るために　僕は調べるよ　何を？
でっかい爆弾の投げ方を　だから何故？

僕はここにいるよ　ずっといるよ　はい
君が来るまで　ずっといるよ　はい
でも来ないで　でも来ないで　どっち？

今ここが現在地だから　当たり前では？

全体的に、当たり前のことを言っていますね。
法律を守るのであれば、「でっかい爆弾」を投げるのはやめましょう。

リスまみれになると、ストレスが消える

時間	：35分
分類	：癒やし
代償	：そこそこ噛まれる
難易度	：★★★☆☆

何かとストレスの溜まる現代社会。人々は常に**癒やし**を求めていると言っても過言ではありません。

しかし、人とは贅沢な生き物。同じストレス解消法を繰り返せば、徐々に身体が慣れて効果も薄れてしまいます。そのため、温泉やカラオケなどのメジャーなストレス解消法に飽きてしまった人は、「オムライスにシャンプーをかける」、「ピアノの上で寿司を破壊する」など、**理解しがたい解消法**に行きつく傾向にありますが、これは非常に不健全な行為です。

それでは**健全なストレス解消法**とは何か？ 答えは「リス」です。リス園へ行き、エサを大量購入して頭からかぶれば、たちまちあなたは人気者。飢えたリスたちが大挙して押し寄せ、あなたの身体を這《は》い回るのです。あとはその状態で紅茶でも飲めば気分はリフレッシュ。健全なストレス解消法で明日からも頑張りましょう。

一食分のそばの長さを測ると、結果的に美味しくなる

時　間	：	3時間
分　類	：	食べ物
必要性	：	なし
難易度	：	★★★☆☆

お菓子やペットボトル飲料の成分表をなんとなく見てしまうように、自分の口に入るものの詳細を知りたいと思うのは自然なこと。ならば「一食分のそばが全長何メートルなのか」を知りたくなるのも当然でしょう。

実際にコンビニでそばを購入し、膨大な時間と引き換えに麺の長さを一本ずつ定規で測ってみた結果、一食分のそばの麺の長さは計4973センチメートル。

つまり49メートル73センチということがわかりました。約50メートル。小学校で走る徒競走の距離と同じくらいの長さです。

さらに、長さを計測するために麺を一列に並べたところ、麺がこれまでにないほど規則正しく並んだ状態で口に入り、最高の喉越しを味わうこともできたのに、あなたもこの快感を体験してみてはいかがでしょうか。

HIMA. 11

シャワーを美少女に改造すると、風呂場が華やかになる

時　間	：　3時間
分　類	：　工作
欠　点	：　夜に怖すぎる
難易度	：　★★★☆☆

モテる人間もモテない人間も毎日のように浴びるシャワーですが、モテない皆様におかれましては、シャワータイムにもっと華々しさが欲しいとは思いませんか？　そんな時は欲望のままにシャワーを**美少女に改造**してしまいましょう。

お面やカツラ、ドレスなどを駆使してシャワーを好みの姿に改造すれば、物寂しかったシャワールームが2人の愛の巣に。蛇口をひねると美少女の口からマーライオンのごとく吐き出されたお湯を浴びることができるでしょう。

家に人は一切呼べなくなりますが、美少女とシャワーを浴びることができるのなら、人間関係なんてどうでもいいですよね。

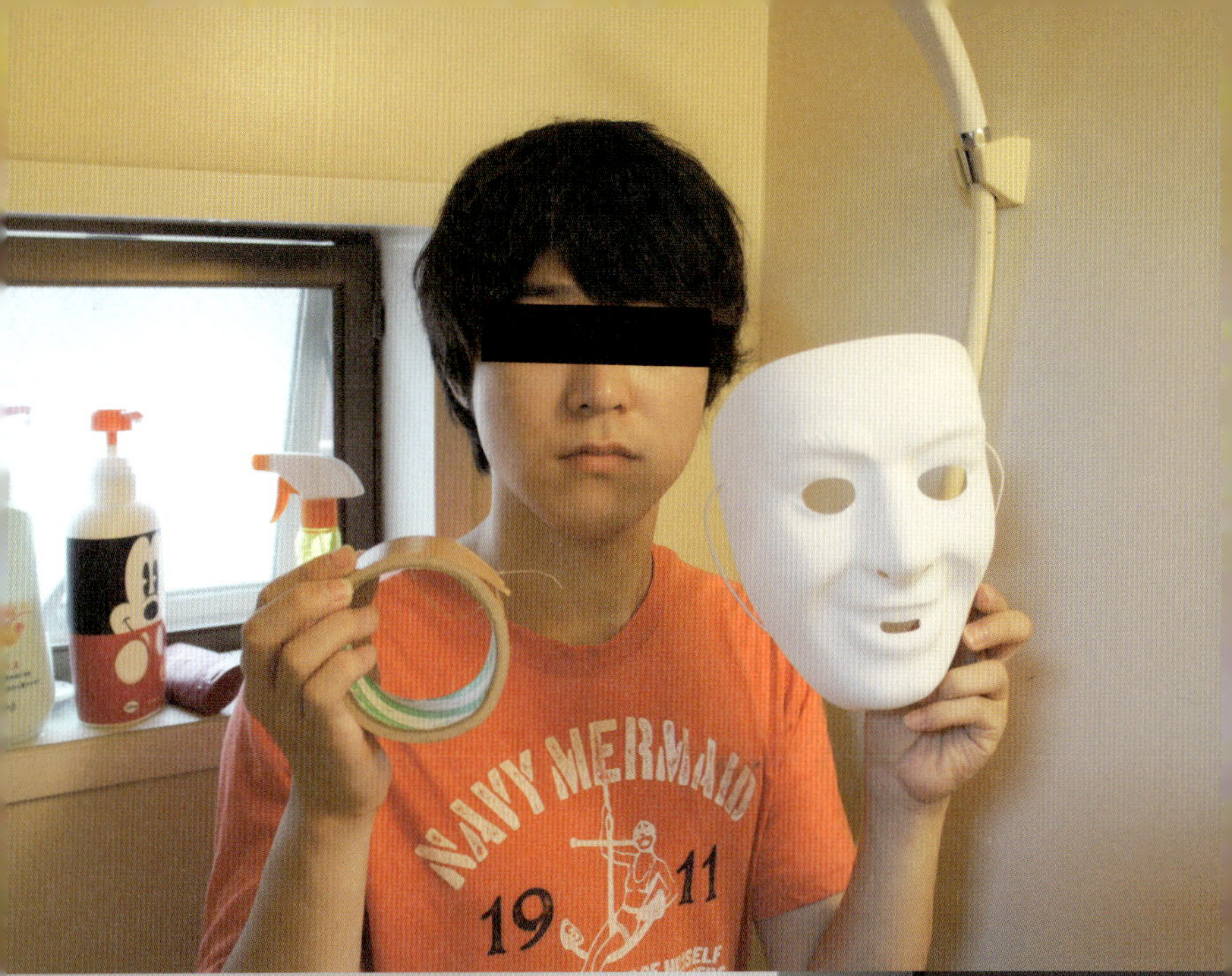
NAVY MERMAID
19
11

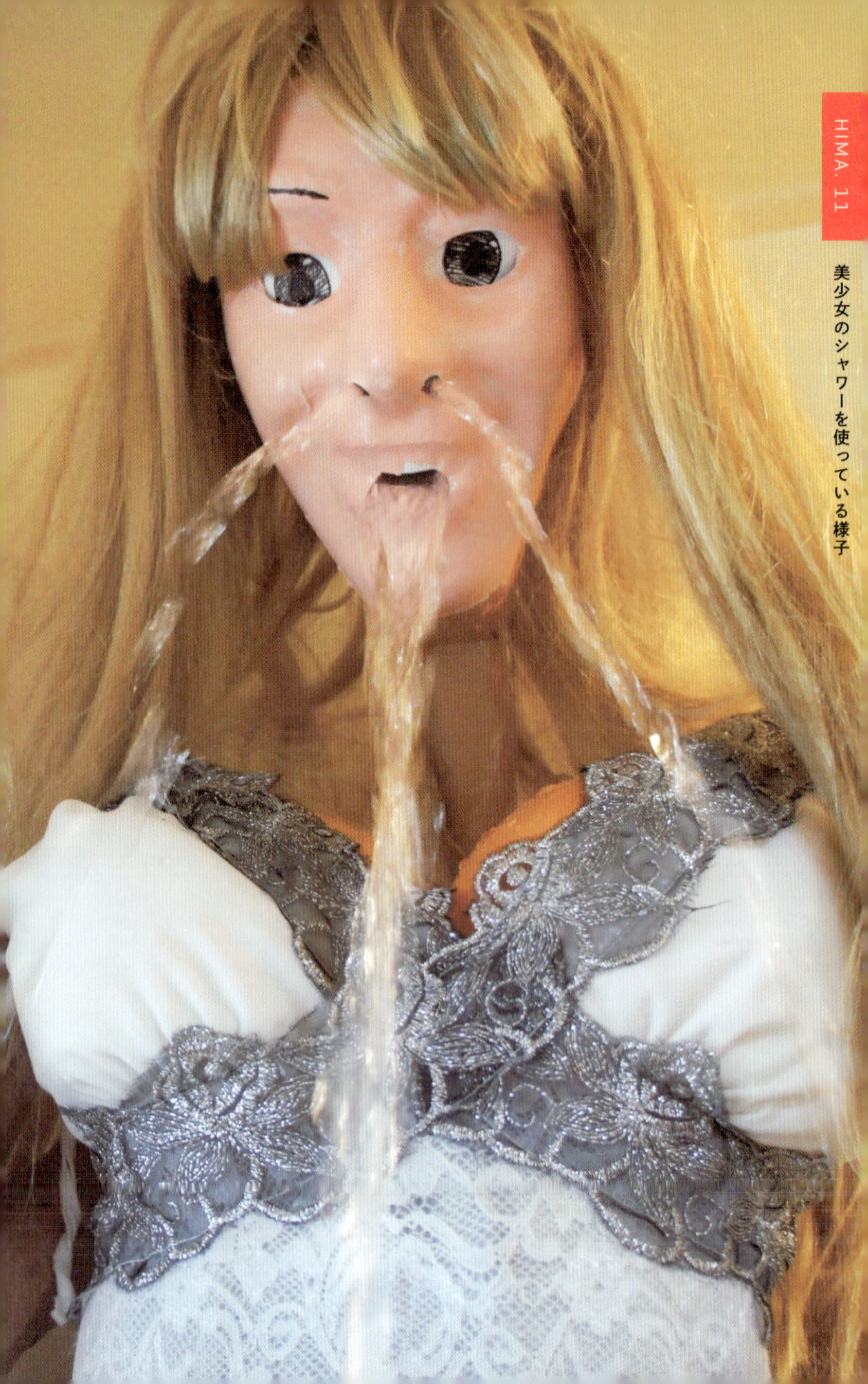

HIMA. 11

美少女のシャワーを使っている様子

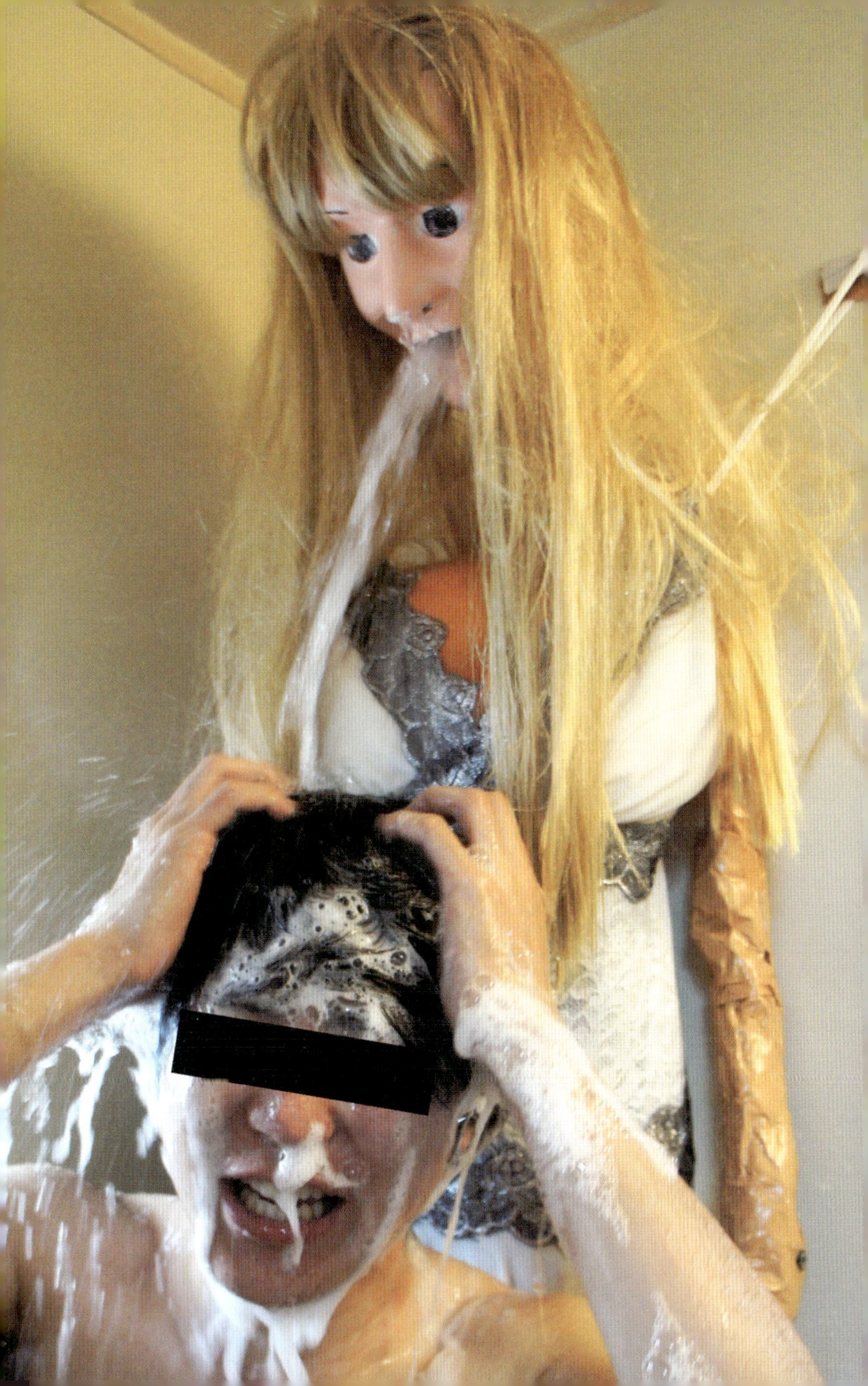

顔を地中に埋めると、すごく落ち着く

時　間	：	好きなだけ
分　類	：	癒やし
場　所	：	腐葉土の豊富な森
難易度	：	★★☆☆☆

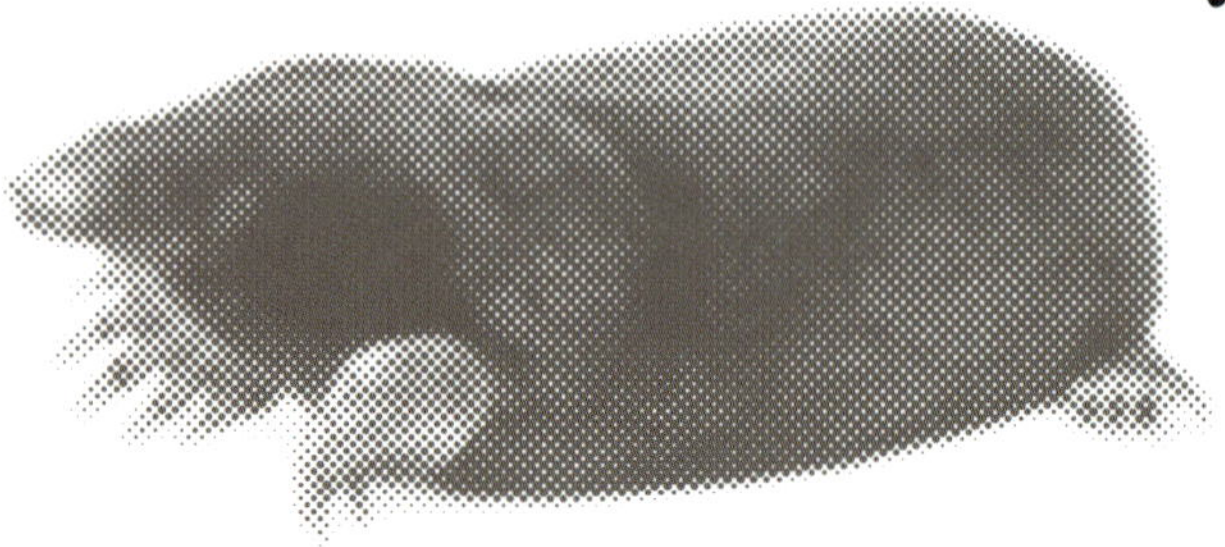

適度な暗さと温かさ、そして適度な閉塞感は人を落ち着かせる効果を持つと言われています。そして、それら全てを兼ね備えているのが地中です。

もしあなたが時間を持て余し、身体がソワソワして落ち着かない時は、地面に穴を掘って地中に顔を埋めてみてはいかがでしょうか。大事な待ち合わせに遅刻しそうになってしまった時などにも、慌てず騒がず深呼吸をし、穴を掘って**地中に顔を埋めてみるといいでしょう。**その後のことは自分で考えてください。大人なんだから。

髪を逆立て傘を裏返すと、嵐を作れる

時　間	：	1時間
分　類	：	お役立ち
筋肉痛	：	確実
難易度	：	★★★★☆

いくら暇を持て余している人でも、会社や学校は積極的に休みたいもの。「**台風が来れば堂々と休めるのに……**」そう思ったことがある人も多いはずです。とはいえ、天候を自由に操るには『神』になる必要があるので少し大変そうですよね。ならば**〝まるで嵐に襲われているような写真〟**を撮り、それを先方に提出して休むことにしましょう。

その方法は簡単。髪の毛をワックスで逆立てる、傘を裏返すなど、嵐の中で起こりうる現象を人工的に作り出せば、まるで見えない強風に襲われているような写真が撮影できるのです。風が目に見えないことを逆手に取り、会社や学校を堂々と休みましょう。真の暇人とは、〝暇〟そのものを生み出すことができるのです。

老若男女で並ぶと、特殊能力者の集団っぽくなる

時　間	３時間
分　類	写真
人　望	必要
難易度	★★★☆☆

主にマンガなどで活躍する「**特殊能力者**」。不思議な力を操って戦う姿に憧れた方も多いのではないでしょうか。

さて、そんな特殊能力者たちには『**老若男女で並びがち**』というお約束があります。個性を生かすことを大切にしている能力者マンガでは、自然と見た目の異なる老若男女がチームに揃いやすく、そして綺麗な構図で整列しがちなのです。これはつまり、私たちのような何の取り柄もない一般人でも、老若男女で整列さえすれば特殊能力者っぽくなれるということ。老若男女を集め、倉庫など雰囲気のある場所で整列すれば、あなたも立派な特殊能力者。エルフの少女、毒使いの老人、ゲームばかりしている天才少年、トランプ使いの外国人など、好みの能力者とチームを組んで、このどうしようもない世界を崩壊の危機から守りましょう。

ちなみに私たちのチーム名は「影の牙（シャドー・ファング）」です。よろしくお願いします。

実際に老若男女で並んでみた写真

フォークをグニャグニャにすると、馬鹿っぽくなる

時間：10分
分類：暮らし
ケガ：フォークが口に刺さる
難易度：★☆☆☆☆

突然ですが、フォークって全体的に「ピシッ」としすぎているというか、**真面目すぎる**気がしませんか？ただでさえ金属製でガッチガチなのに、先端部分なんてヘアスプレー何本使ってんだよってくらいピッチリ整っているだけでなく、オシャレな模様が刻まれていることもあるので、全体から漂う**優等生っぽさ**がすごい。こんなに品の良い食器で60円のブタメンを食べられますか？　私ならブタメンがかわいそうで食べられません。

そんな時は、ぜひとも**グニャグニャのフォーク**を作ってみましょう。ペンチで先端部分を寝癖のように曲げるだけ。かつて優等生だったフォークを、**一人称が「おで」のクソアホ小学生**（前歯が本抜けている）のような雰囲気にすることができるでしょう。

さらに、曲がりくねった先端は麺も絡みやすく、ブタメンならワンアクションで全ての麺を絡め取ることもできます。フォークが刺さって口の中はズタズタになりますが、ブタメンユーザーは試す価値アリです。

尻に顔を印刷すると、フェイスマッサージを尻に受けることができる

時　間	：120分（コースによる）
分　類	：癒やし
施術後	：尻がモチモチ
難易度	：★★★★☆

人には美しさを追求する権利があります。その権利は男女を問わず、さらに言えば身体のどの部位にも当てはまるはずです。たとえそれが「尻」だとしても、同じことが言えるでしょう。

しかし、世のマッサージ店はフェイスマッサージやフットマッサージばかり。**尻を局所的にマッサージしてくれる店は皆無**に等しいと言っても過言ではなく、これは立派な尻差別。尻の汚い読者の皆様も、この現状には憤っていることでしょう。

しかしご安心を。ならば**尻に顔を印刷して、「フェイスマッサージ」を受ければいい**のです。顔がそこにありさえすれば、尻であってもフェイスマッサージを受けることは理論上は可能でしょう。さあ、今すぐ家から5駅くらい離れた店で予約をしてみよう。

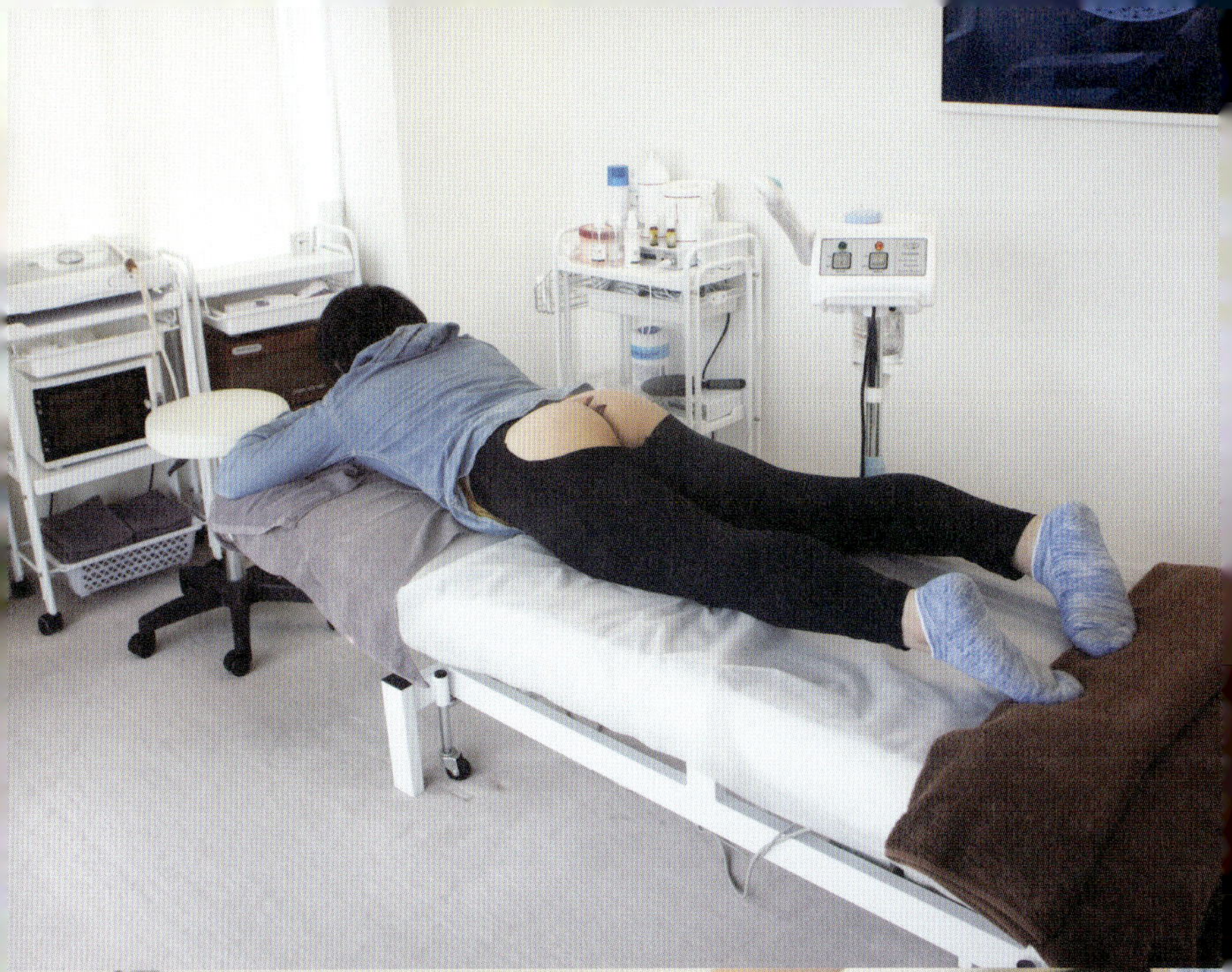

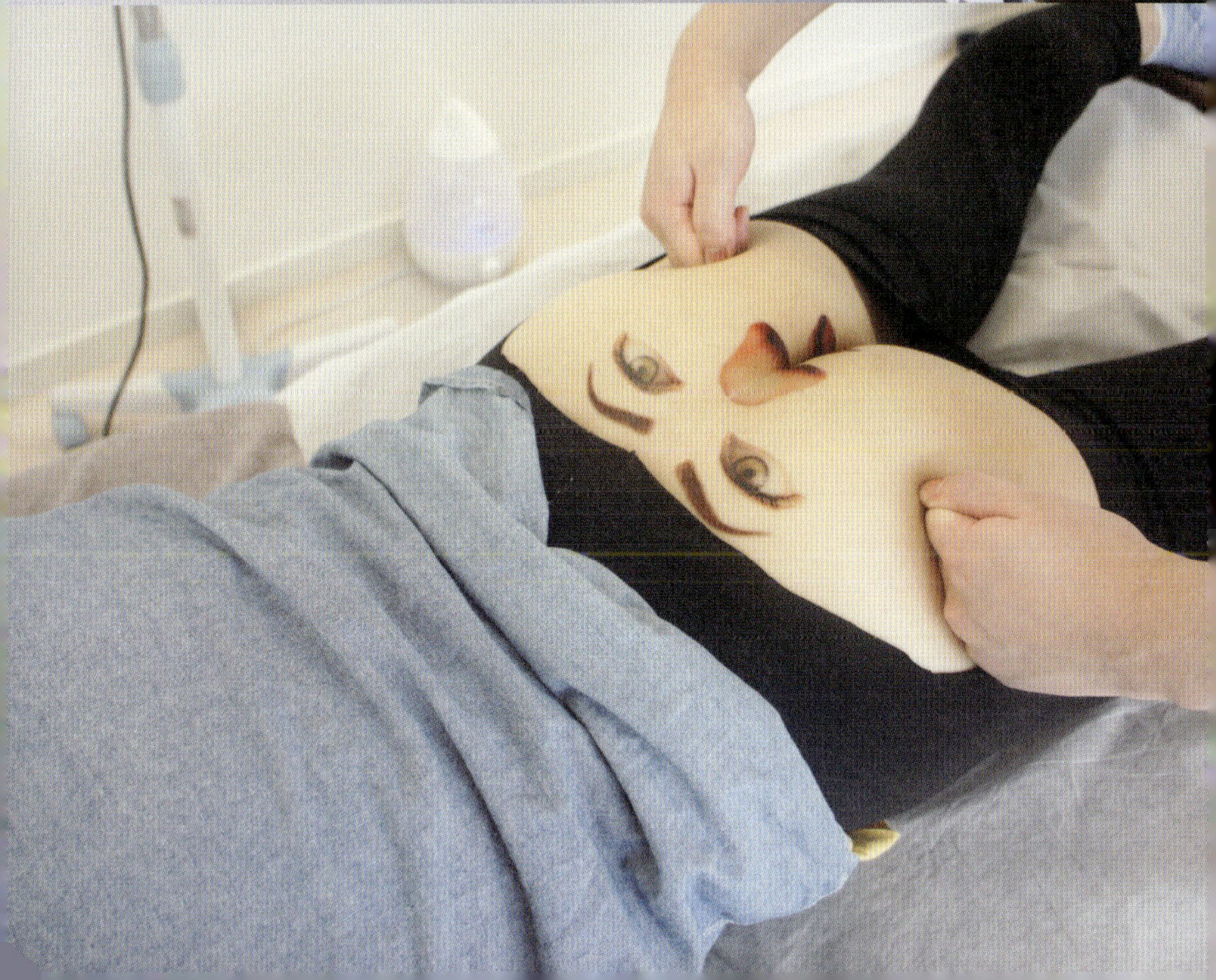

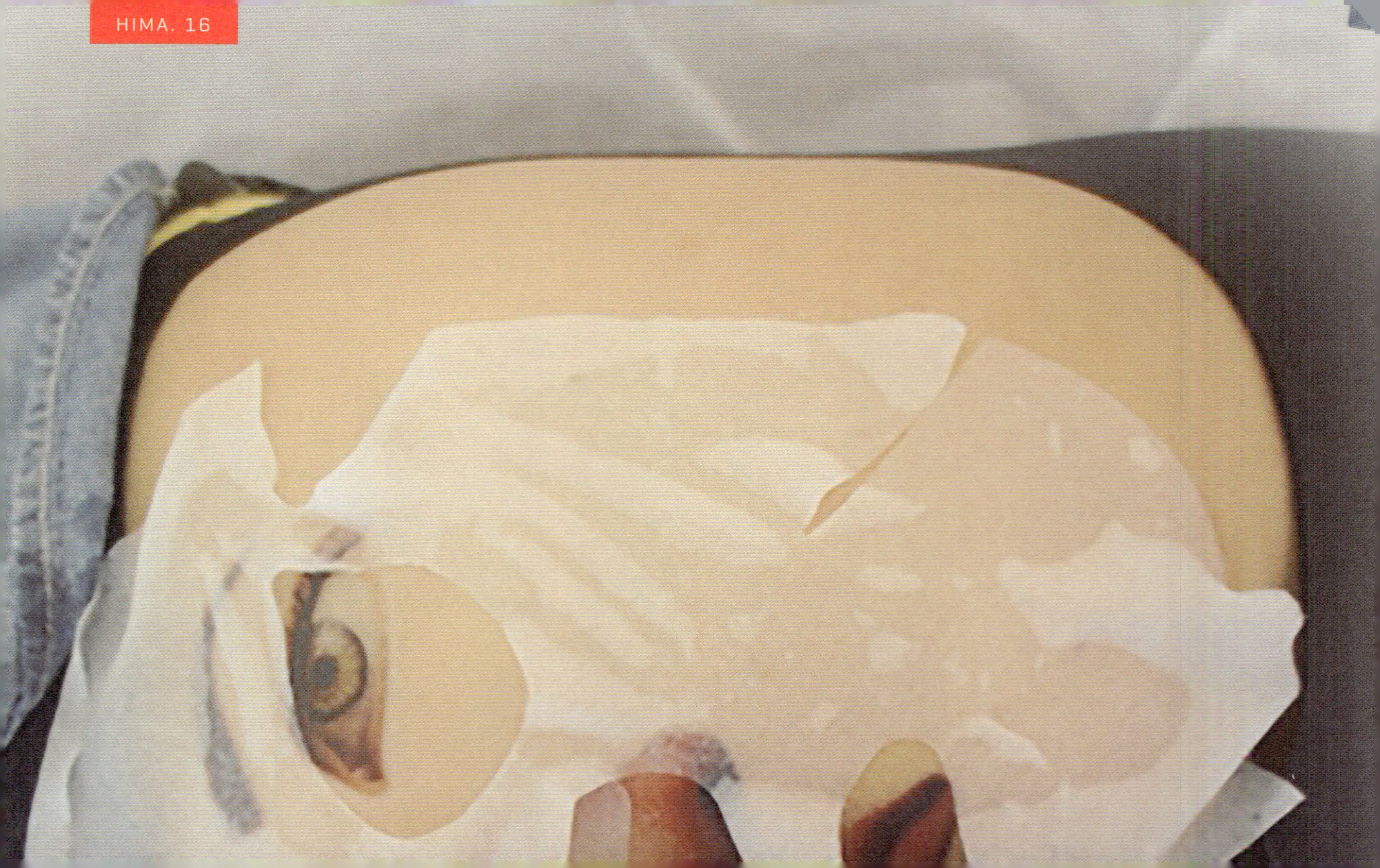
HIMA. 16

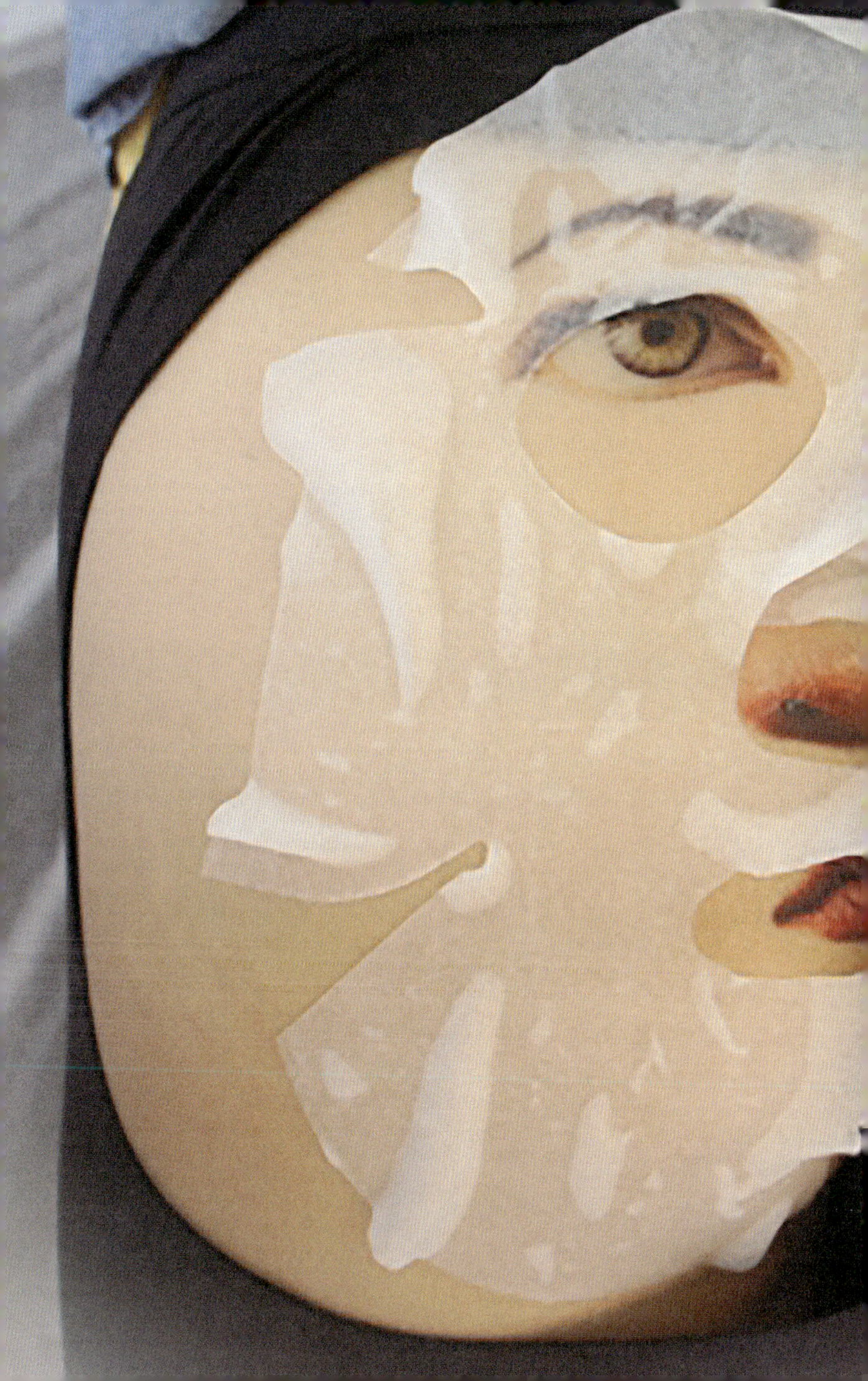

バナナにキュウリを差し込むと、遺伝子組み換えしたみたいになる

時　間	：3分
分　類	：新感覚
味	：普通よりまずく感じる
難易度	：★☆☆☆☆

遺伝子組み換え野菜というものがあります。野菜の遺伝子を機械でハチャメチャに操作し、品種改良された野菜です。ただ、世間的にはあまり良く思われていないらしく、食品のパッケージにも「大豆（遺伝子組み換えではない）」と、わざわざ表記するくらいです。

　でも、正直食べてみたくないですか？遺伝子をゴリゴリに組み換えた**キメラ野菜**、食べてみたいですよね。そこでせめて気分だけでも味わおうと、バナナにキュウリを差し込んでみたところ、そもそも皮のあるキュウリに、分厚いバナナの皮がプラスされ、無駄な防御力を誇る**『タフネスキュウリ』**が完成。食べてみると、「バナナを食べているのにキュウリの味がする」という普通に不快な思いをしたのでキュウリもバナナも嫌いになりました。最悪です。責任とってください。

》作者のカメラロール

作者のスマホに保存されている、
どうしようもない写真を特別に紹介するよ！

COLUMN. 2

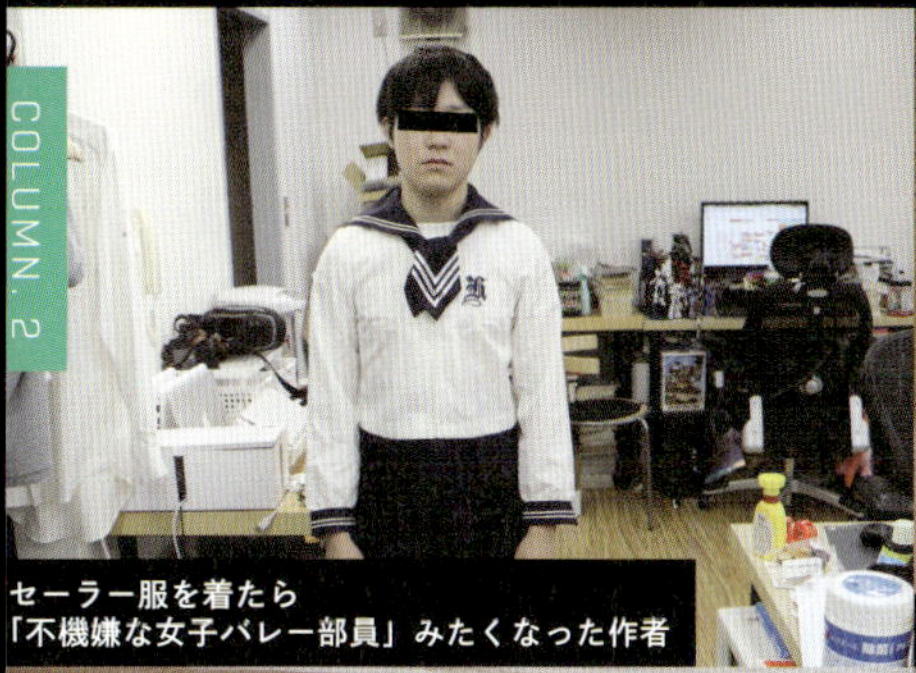

セーラー服を着たら
「不機嫌な女子バレー部員」みたくなった作者

床を保湿している様子

嘘

ハブラシのシャンプーハット

クリスマスの作者

過去を改変され、
人参になりつつあるたくあん

落下中の作者

電球に顔をつけたらダンディになった

プロダンサーと遊んでみると、2キロ痩せるし写真がすごい

時　間	：2時間
分　類	：写真
着替え	：必須
難易度	：★★★★☆

退屈を持て余している人は、何故だか布団に根を張るかのごとくゴロゴロしていることが多いですが、たまには無理にでも身体を動かして汗を流してみてはいかがでしょう。

中でも、身体を動かす専門家でもある**「プロダンサー」**と遊んでみると、それはもう全身のあらゆる部分をハチャメチャに乱舞させられるので大変オススメです。

人体構造を知り尽くしたプロダンサーならではのポーズや、「これ重力無視してない？」というようなダンスが見られるだけでなく、友達に送りたくなるような謎写真も無限に撮れるので、ぜひ試してみましょう。あと2キロくらい痩せます。

便利なアプリを作ると、暮らしが豊かになる

時　間	：1週間
分　類	：お役立ち
開発費	：傘買った方が安かった
難易度	：★★★☆☆

今や暮らしに欠かせないスマートフォン。電話やメールだけでなく、便利な**アプリ**を入れさえすれば、私たちの生活はより豊かなものになります。

そんなアプリは、その気になれば**自作することも可能**です。自分だけの便利機能を考えられるだけでなく、アプリがヒットすれば一攫千金《いっかくせんきん》のチャンスだってあります。

ちなみに、私が考えた画期的なアプリは、その名も『**カサ**』。アプリを起動し、傘の画像を表示させた状態でスマホを頭に乗せれば、スマホが乗っている部分が雨に濡れないという便利なアプリです。スマホは水没しますが、頭の一部が濡れないなら良いですよね。

ちなみに課金すると、傘の色が赤からピンクに変えられます。

カサ

お湯を入れたペットボトルを組み合わせれば、どこでも露天風呂に入れる

街中の壊れている物と写真を撮ると、自分のせいっぽくなる

時間	：10秒
分類	：写真
鬱憤	：スッキリ
難易度	：★☆☆☆☆

退屈な日々を漠然と過ごしていると、あり余るパワーを発散したくなるものですよね。私も中学生の頃は、よく「鉄板」と書いた紙をビリビリに破って高笑いするという不健全極まりない遊びを繰り返していました。

人は溜めこんだ力を定期的に発散させなければいけません。しかし、その力の矛先《ほこさき》を何に向けていいのかわからない方も多いかと思います。この本を手に取った方ならなおさらです。

そんな時は思い切って外に飛び出し、**壊れている物**を探してみましょう。そしてそこに関与しているかのような写真を撮影すれば、まるで自分の強大なパワーによってそれを**破壊したかのような写真**を撮ることができるのです。

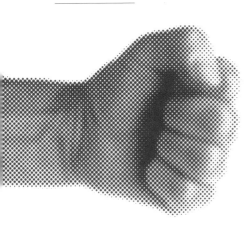

FIRE AGE
COMA
DMS

Hatena

HIMA. 21

壊れた家の前で写真を撮ると

さらに、取り壊し中の家の前で謝るような仕草をすれば、格段にパワーアップしたあなたが家を破壊するほどの大暴れをしたような写真も撮ることができるでしょう。さながらあなたは街を蹂躙《じゅうりん》するデストロイヤー。写真を撮影したあとは、悪い顔で「ヒャハッ！」などと不気味な笑みを浮かべながら、颯爽《さっそう》と肩で風を切ってその場から立ち去ると効果的です。

抑圧したパワーを愚直に解放しても疲れるだけで良いことはありません。これからは暴れたつもりになってスマートに力を温存していきましょう。フラストレーションのつもり貯金をして、いざという時に備えるのです。

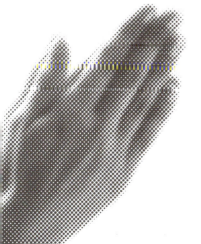

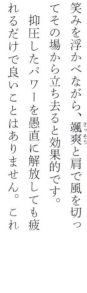

おたよりのコーナー

近所の子どもたちから募集した質問に、お兄さんが答えちゃうよ！

はてさて、今日はどんなおたよりが来ているかな？

ぼくには友だちがたくさんいます。お兄さんはいつも一人ですが、友だちはいますか？

おおいし けんとくん（9さい）

いないよ。

でも、友だちが多いことって本当に幸せなことなのかな？

あと、なんでさいしょに「ぼくには友だちがたくさんいます」って言ったの？　それ、言うひつようある？　お兄さんよりちょっと上に立とうとしたってこと？　そういうのよくないと思うよ。

すきないろはなに？

はやし ほのかちゃん（5さい）

あおだよ！

お母さんに、「冷とう庫で、オシッコをこおらせたい」と言ったら、おこられました。

たにがき ゆうきくん（11さい）

君にはすごい素質があるみたいだね。
お兄さんは個人的に応えんしているよ。
子どものころにできなかったことも、大人になればできるかもしれないから、大人になったらオシッコをこおらせてみようね。

好きなことだけして生きていきたいです。

いしい ゆみちゃん（12さい）

そうはいかないよ。

トランペットの中にオシッコをしたら、音は鳴りますか？

たにがき ゆうきくん（11さい）

きみ、すごいな。

街で見かけるアレは、ブリーフがしっくりくる

時　間	：30秒
分　類	：無駄
サイズ	：子供用がピッタリ
難易度	：★☆☆☆☆

街を歩いていると、**先端が二股に分かれた鉄製の物体**が地面から生えているのをよく見かけませんか？　こちらは「連結送水管」なるものらしく、消防車がホースを繋いで水を出すためにあるそうです。

実際に使用されているところは滅多に見ることができない連結送水管ですが、この二股に分かれた形、実は**ブリーフがしっくりくる**ことをご存知でしょうか。実際にかぶせてみるとピッタリと収まるだけでなく、何だか一気に愛着が湧くため、今後は外出する際にポケットにブリーフを入れておくとよいかもしれませんね。私はやめておきます。

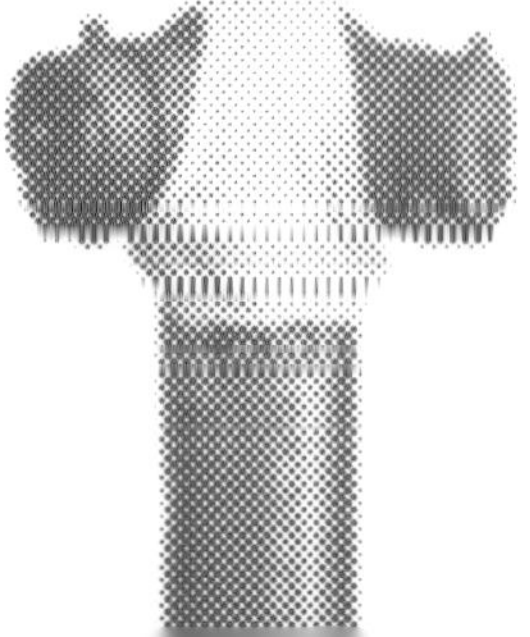

厳重に保管すれば、何でも高価に見える

時　間	：10分
分　類	：お役立ち
詐欺罪	：10年以下の懲役
難易度	：★☆☆☆☆

博物館の壺しかり、宝石店のダイヤモンドしかり、それらは大抵ガラスケースの中で厳重に保管されています。何故ならそれらが非常に**貴重で価値のある物**だからです。しかし、その壺やダイヤモンドの価値を理解している人はごくごく少数。ほとんどの人は「**ガラスケースに入っているから**」という理由で、その物を「高価なのだろう」と認識しているのではないでしょうか。

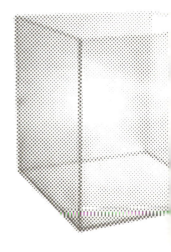

実際に何の価値もない物を厳重に保管したところ、食べかけのおにぎりですら『ビートルズが来日時に食べたおにぎり』のように見えてきました。また、ガラスケースの中では小さい物ほど高価に見えることも判明したので、あなたもポップコーンを10万円くらいで金持ちに売りつけるといいでしょう。

キモいサイコロを作ると、一瞬ですごろくが終わる

時　間	：3分
分　類	：工作
キモさ	：実家の犬が威嚇した
難易度	：★★☆☆☆

「キモいサイコロを作りたい」

私がそう強く思ったのは、弟と2人きりですごろくをしていた時のこと。自分の手の中にあるサイコロを見た私は、ふと、**「すごろくはとても楽しいのに、何故サイコロはこんなに地味なんだ？」**と、サイコロのエンタメ性のなさに気付いてしまったのです。

だってよく見てくださいよ。立方体で、基本モノクロで、一箇所だけ赤いんですよ？ 日の丸弁当じゃん。これではテンションも上がりません。

そんな状況を打破するために作ったのが、サイコロを連結させた「**キモいサイコロ**」です。そのキモさはエンタメ性抜群。振るたびに悲鳴が上がり、新しいすごろくの楽しみ方を提供してくれることでしょう。

実際に使用してみたところ『**4**』の目が出たのですが、4×18個のサイコロで『**72**』となり、1ターンでゲームが終了しました。

春の妖精

心が美しい人だけに見える妖精。
耳を澄ますと、
スピッツの「チェリー」を
小さい声で歌っているらしい。

尻にプロジェクションマッピングをすると、空を飛ぶ

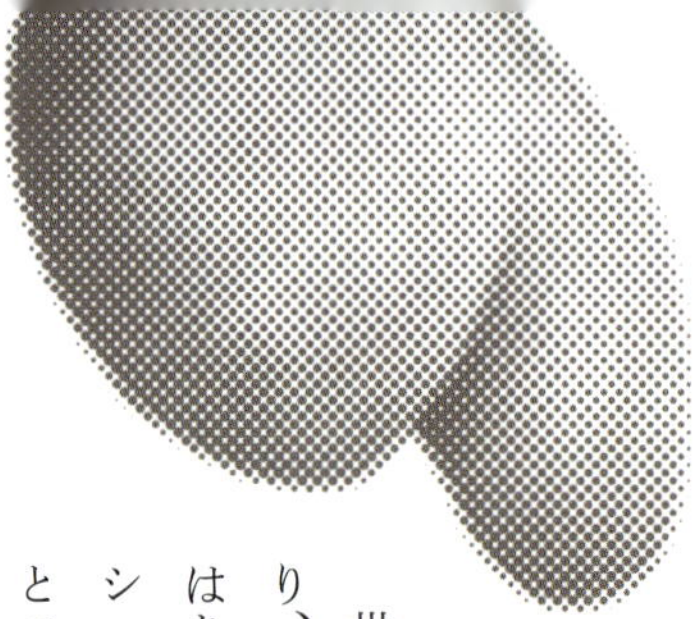

世界では日々新しい技術が誕生しており、その新技術を暇つぶしに使わない手はありませんよね。中でも「プロジェクションマッピング」という映像技術は、とても素晴らしいものでした。映像を平面に投影するのではなく、**立体物**に投影する手法らしく、これまでにないような不思議な映像を作り出せるのです。

聞くと人体にも投影が可能とのことなので、早速映像を製作してもらい、尻に投影してみることに。専用のパネルに白く塗った尻をはめ込んで映像を投影すると、私の尻が宙を舞い、桃となって川を流れ、ついには尻が街一つを吸い込むという悪夢のような光景がそこには広がっていたそうです。尻をはめ込んでいる私は見ることができませんでした。

時　間	：1ヶ月
分　類	：新感覚
本　人	：見られない
難易度	：★★★★★

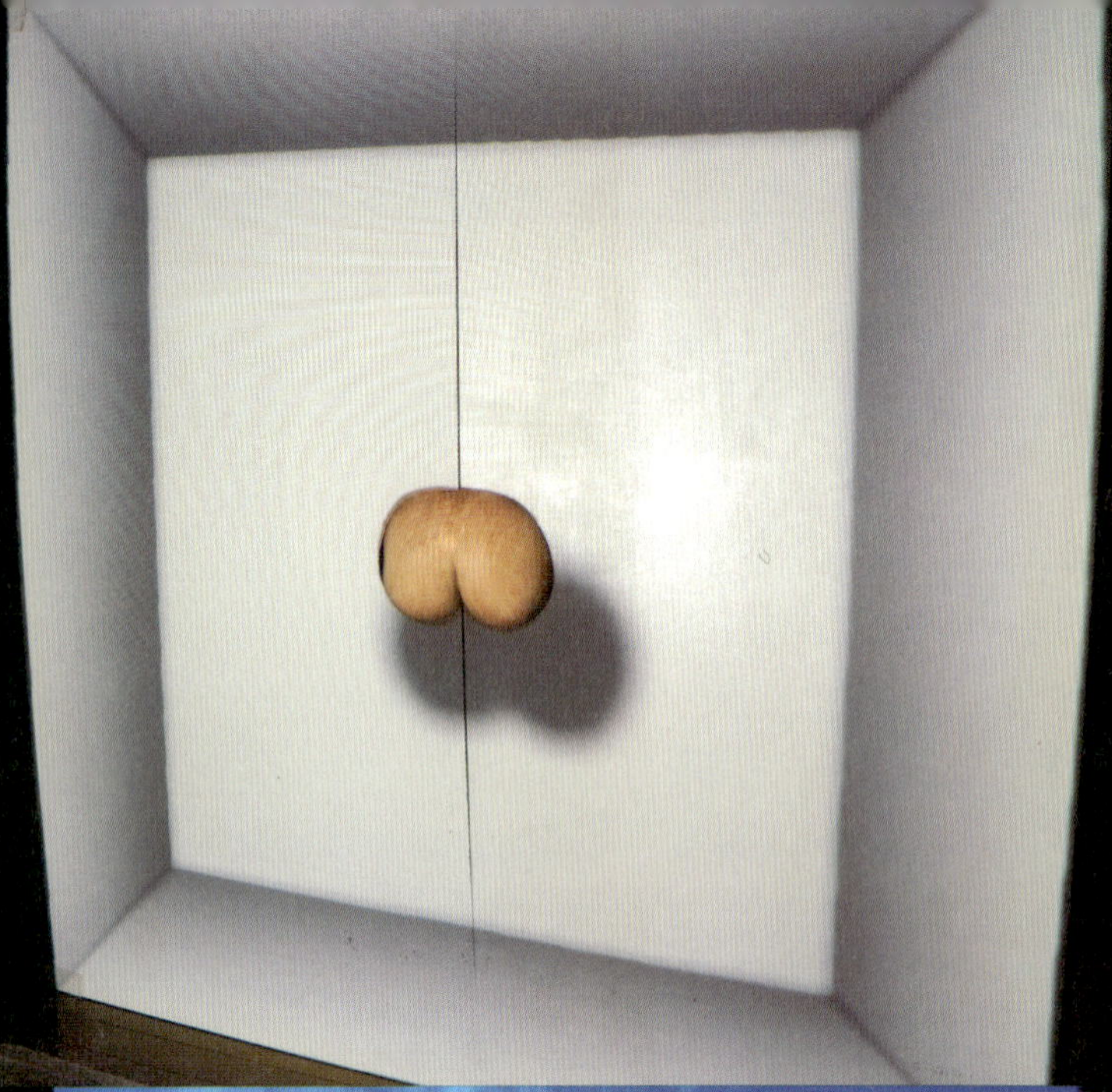

尻に映像を投影している様子

小さい自分を作ると、巨大生物に襲われているような写真が撮れる

時　間	：１時間
分　類	：写真
友人談	：「変質者かと思った」
難易度	：★★☆☆☆

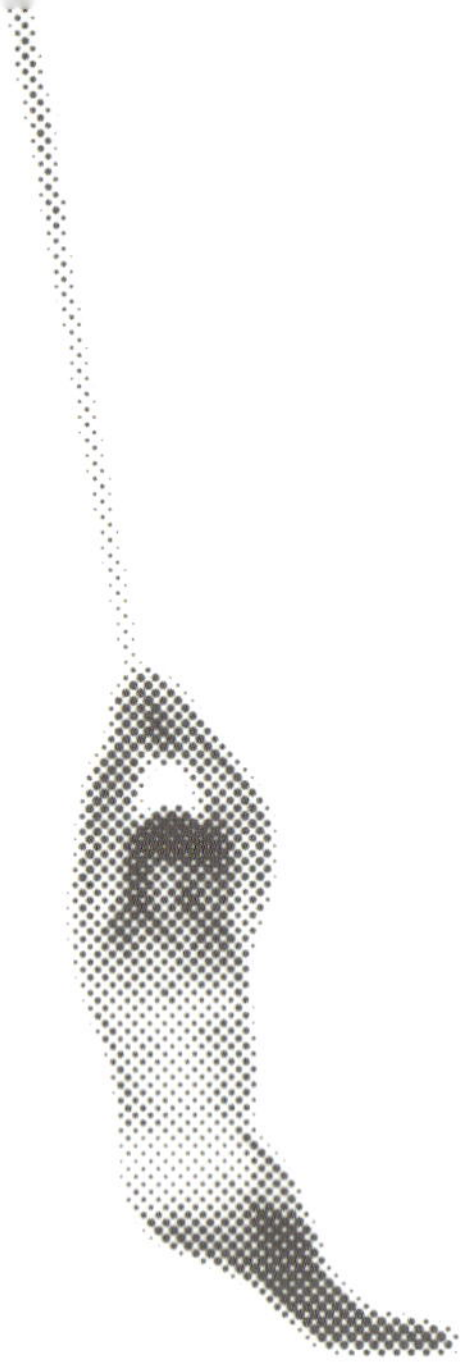

まっとうに生きている人間なら、誰しも一度は巨大生物に襲われてみたいものですよね。私も幼少期は『ジュラシック・パーク』のような映画を観るたびに、「一度でいいからティラノサウルスから逃げ切りたいなぁ」と思いながら部屋で大暴れする日々を過ごしていました。

そんな夢を叶える方法は意外と簡単なものでした。そう、逆に**自分が小さくなればよい**のです。小さく印刷した自分自身を動物たちの前に配置すれば、あたかも自分が**巨大生物に襲われているかのような写真**を撮ることができますし、運が良ければ本当に攻撃してもらうことも可能。まさに映画の主人公のようなピンチを味わうことができます。私は、撮影中に中学の頃の友人に遭遇して本当にピンチになったので、周りの目には気を付けましょう。

力士が撒いた塩で焼き鳥に味付けすると、予想の10倍塩辛くなる

時　間	：一瞬の出来事
分　類	：食べ物
威　力	：散弾銃
難易度	：★★★☆☆

焼き鳥といえば味付けはやはり**塩**。そして日本一塩を撒《ま》き慣れている人といえば、取組の際に塩を撒く力士なのではないでしょうか。そんな力士の投げた塩で味付けされた焼き鳥は美味しいだけでなく、邪気も清められた神聖な焼き鳥と化すはずですよね。あなたの知り合いに力士、または元力士がいるのであれば、焼き鳥に塩を思い切り投げつけてもらうのもよいかもしれません。

実際に塩をかけてもらった焼き鳥を食べてみると、「これは本当に病気になるぞ」と思うくらい塩辛くて食べられたものではありませんが、なんとなく神聖な儀式のような雰囲気があるので、正月の恒例行事にしたら案外浸透するかもしれません。

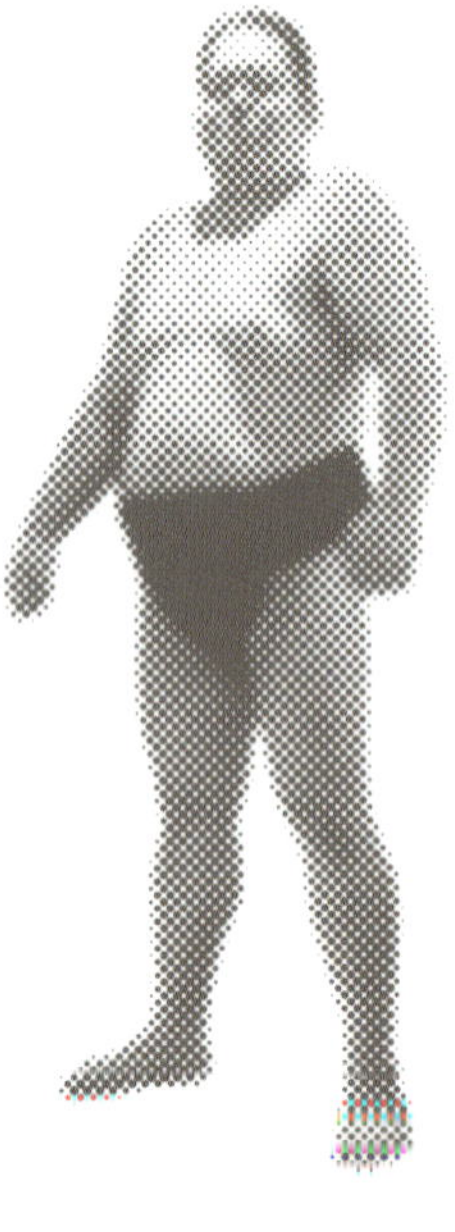

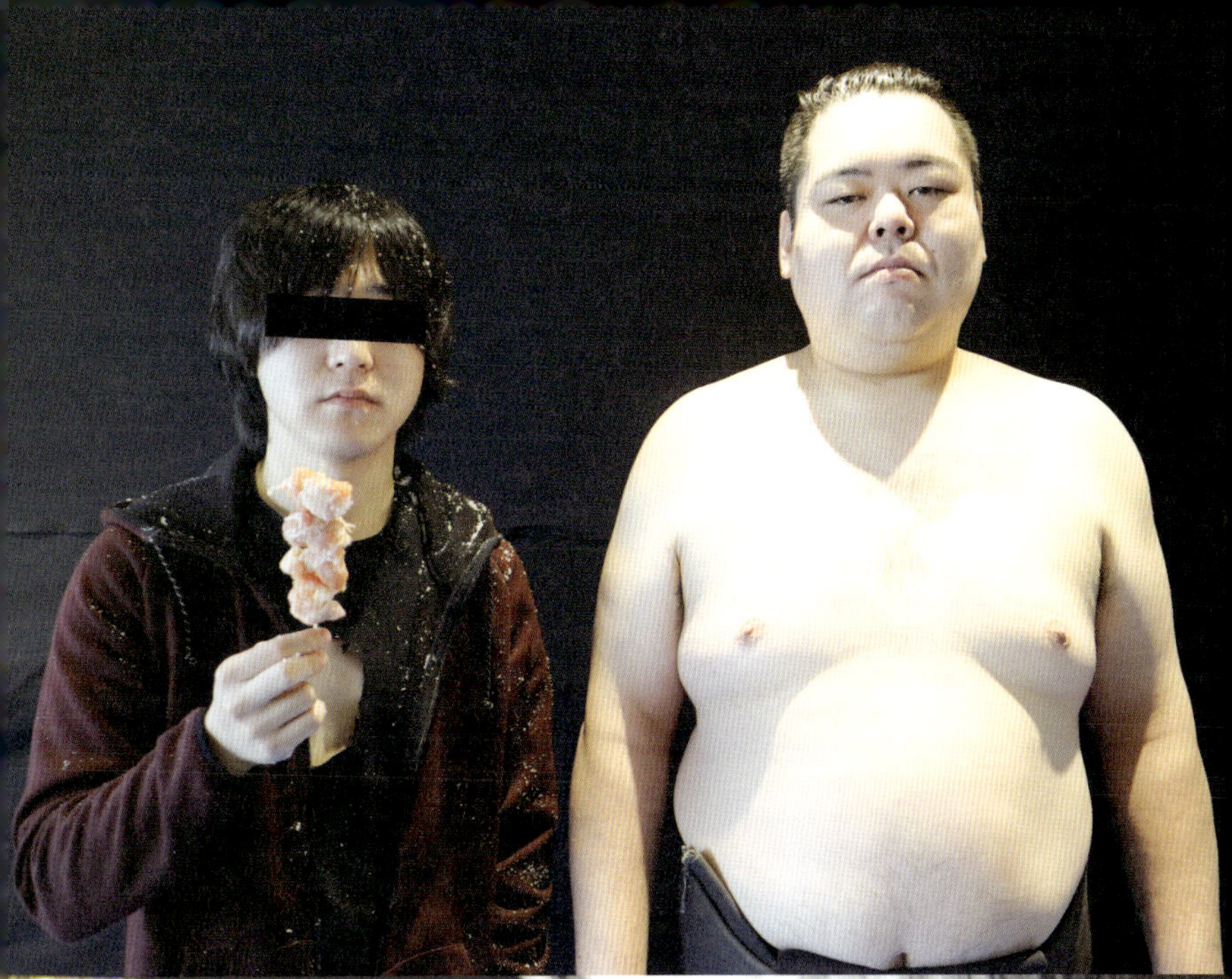

マネキンを楽しげな姿に改造すると魔除けカーになる

時　間：2時間

分　類：工作

置き場：玄関先に魔除けとして設置

難易度：★★★☆☆

どのご家庭でも必ず1つは転がっているマネキンの首ですが、マネキンってなんだか不気味ですよね。そこでもし、あなたにまとまった時間があり、かつ家にマネキンの首が転がっているのなら、マネキンを**楽しげな姿**に改造してみてはいかがでしょうか？

例えば、息を吹き込むと伸縮する〝ピロピロ笛〟を頭に突き刺すだけで、マネキンの怖さは一気に軽減され、まるで「百戦錬磨の宴会の達人」のような姿にすることが可能です。ストローで空気の導線を作ってやれば、「ピロピロ」という小気味いい音とともに頭から3本の角を伸び縮みさせることも可能でしょう。さらに、キラキラ輝くスパンコールを顔全体に貼り付けたり、イルミネーション用の電飾を巻きつけたりすれば、かつての面影はどこへやら。パーティー仕様の楽しげなマネキンへと変身させることができるのです。

私はここにタイヤをプラスし、部屋中を猛スピードで生首が駆け回るように改造したのですが、気付けばどこかを境に**さらに恐ろしい姿**になっていたため、皆さんは程々にしましょう。

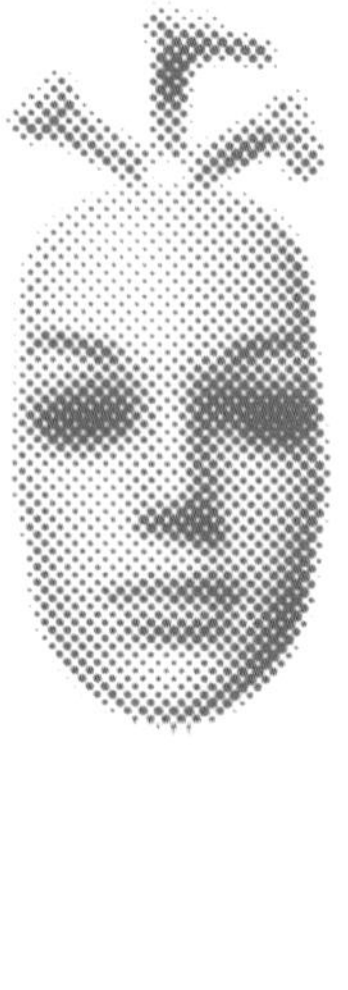

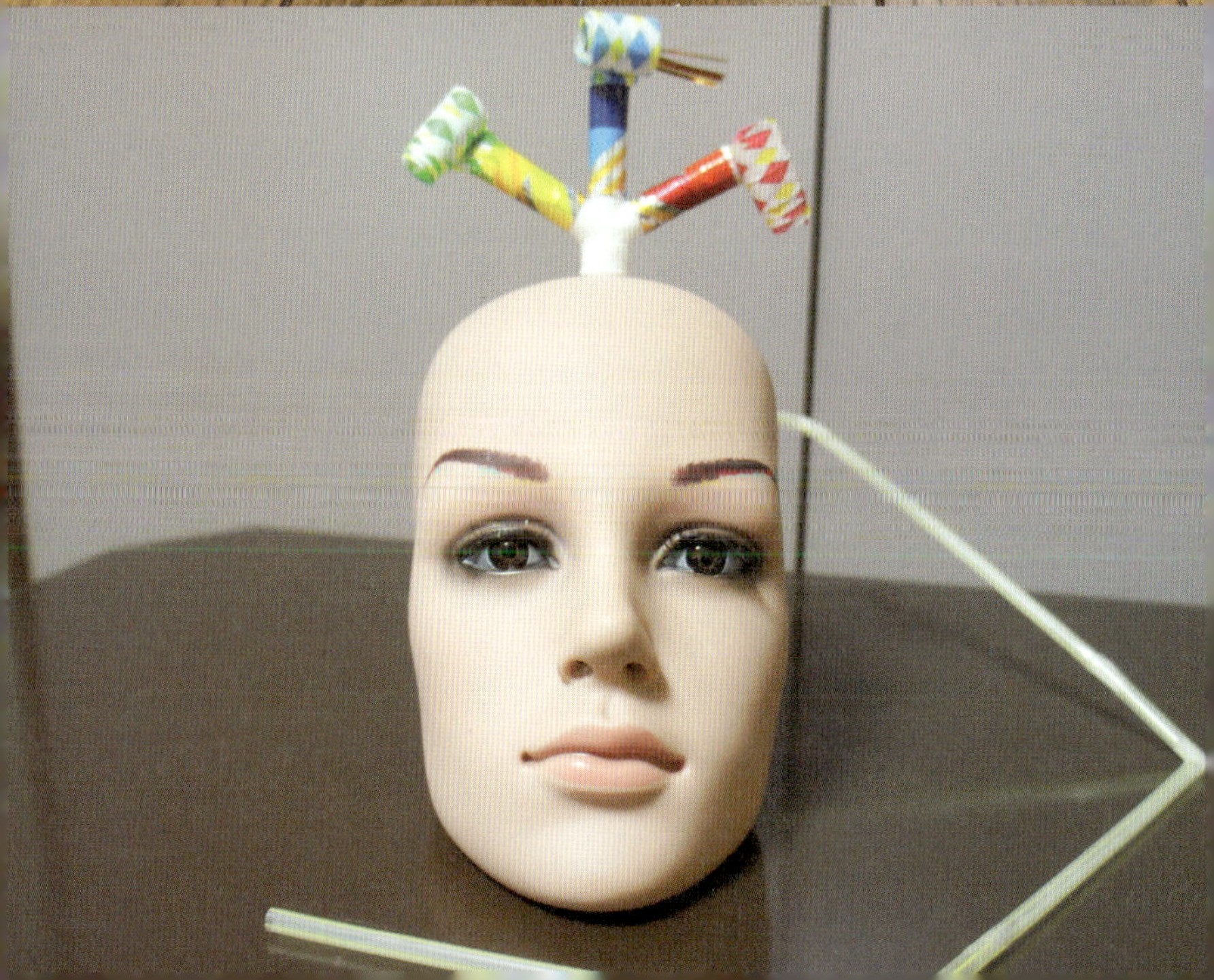

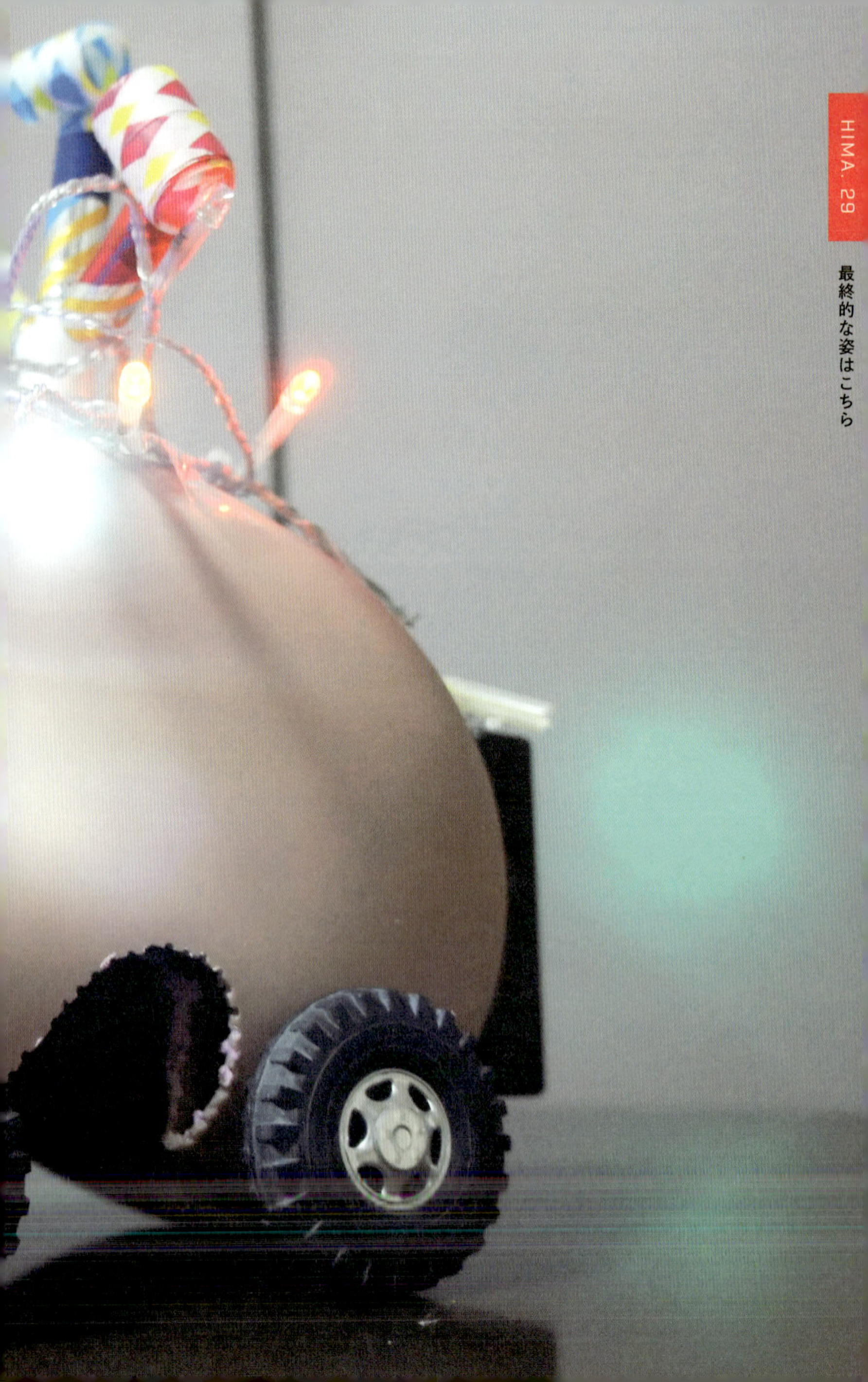

最終的な姿はこちら

COLUMN. 4

のんびり！カメラ散歩

ポカポカ陽気のこんな日は、カメラ片手におさんぽ日和♪ 今日は何を撮ろうかナ？

お名前　：ARuFaクン（仮名）
ひとこと：「カメラ歴は浅いけど、愛なら誰にも負けません！(^ ^)v」

「ファインダー越しの景色は、常にキラキラしてますね（笑）」とARuFaクン♪

ちょっぴり背伸びして、オシャレな街に溶け込んじゃえ！

それではお待ちかね！
ARuFaクンが撮った写真は、次ページへ急げ～♪

歩道橋の上からパシャリ♪

何を撮ってるのかはお楽しみっ！

視線の先には……？ ワクワク♪

写真はこちら♪

ARuFaクンが撮った写真♪

ラッキーちゃん
あらら、あいにくウンチ中…

ショコラちゃん
これまたウンチ中…

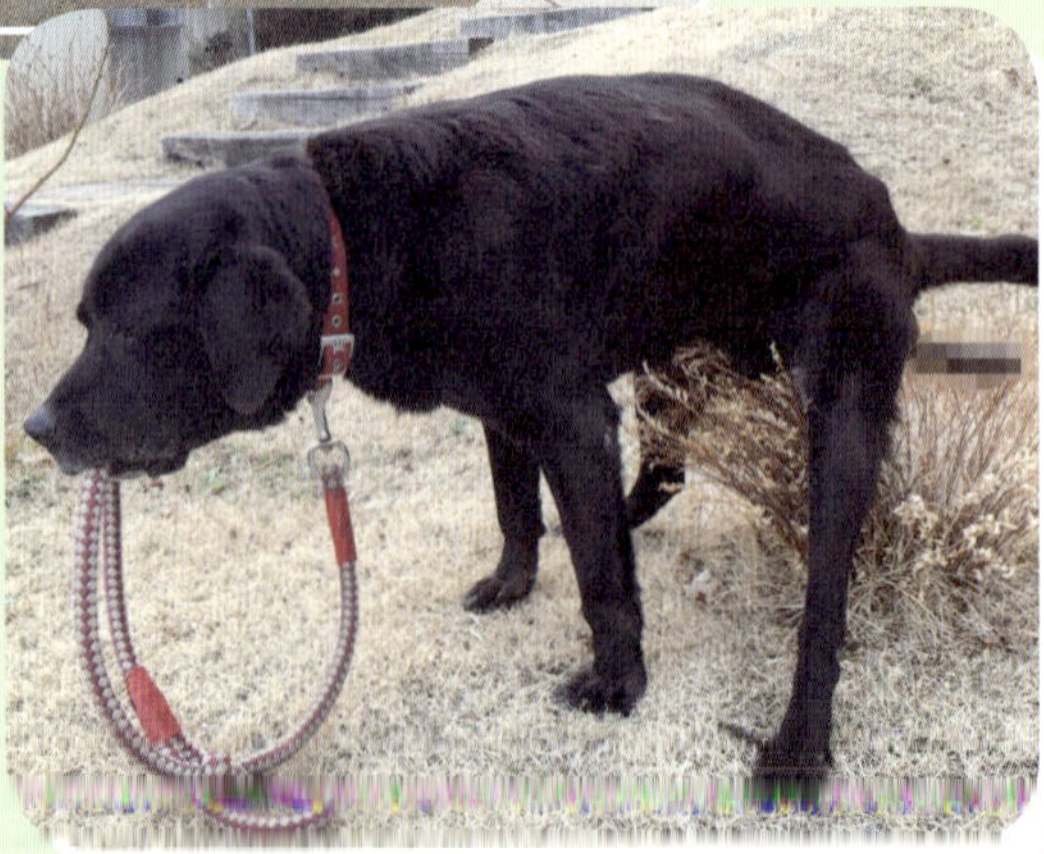

クロちゃん
およよ、こちらもウンチ…

チビくん

ちょっとちょっと！　ウンチしないで！

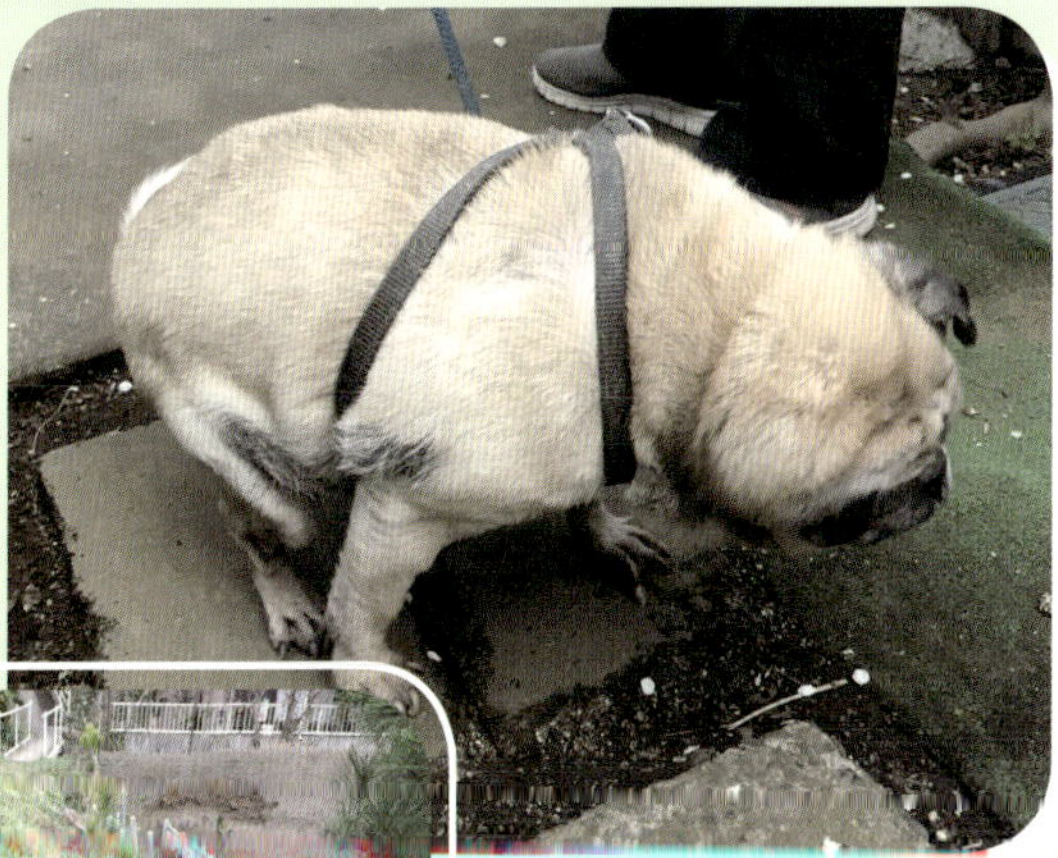

ケンタくん

なんでみんなウンチしちゃうの～!?

クロちゃん

傾斜ウンチ

劣悪な環境で折り紙を折ると、全てがどうでもよくなる

時　間	：３分
分　類	：工作
虚無感	：すごい
難易度	：★☆☆☆☆

人はなにかと清潔な状態を維持したがる生き物ですが、あえて自分の身体を劣悪な状況に陥れることで、普段は味わえないような体験をすることができます。

手始めに、手を粘液まみれにした状態で**折り紙**を折ってみてください。紙に触れた瞬間、あなたは圧倒的なベタつきと操作性の悪さに衝撃を受けるはずです。そして段々と「山折り」や「谷折り」をキレイに折ることが馬鹿らしくなってくるでしょう。さらに時間が経ち、紙が水分を吸ってクタクタになるのに比例してあなたのやる気も低下し、最終的には**『手元でクシャクシャになっている熱さまシート』**のような作品が手中に収まっているはず。完璧主義者の人にこそオススメしたい暇つぶしです。

赤い王様

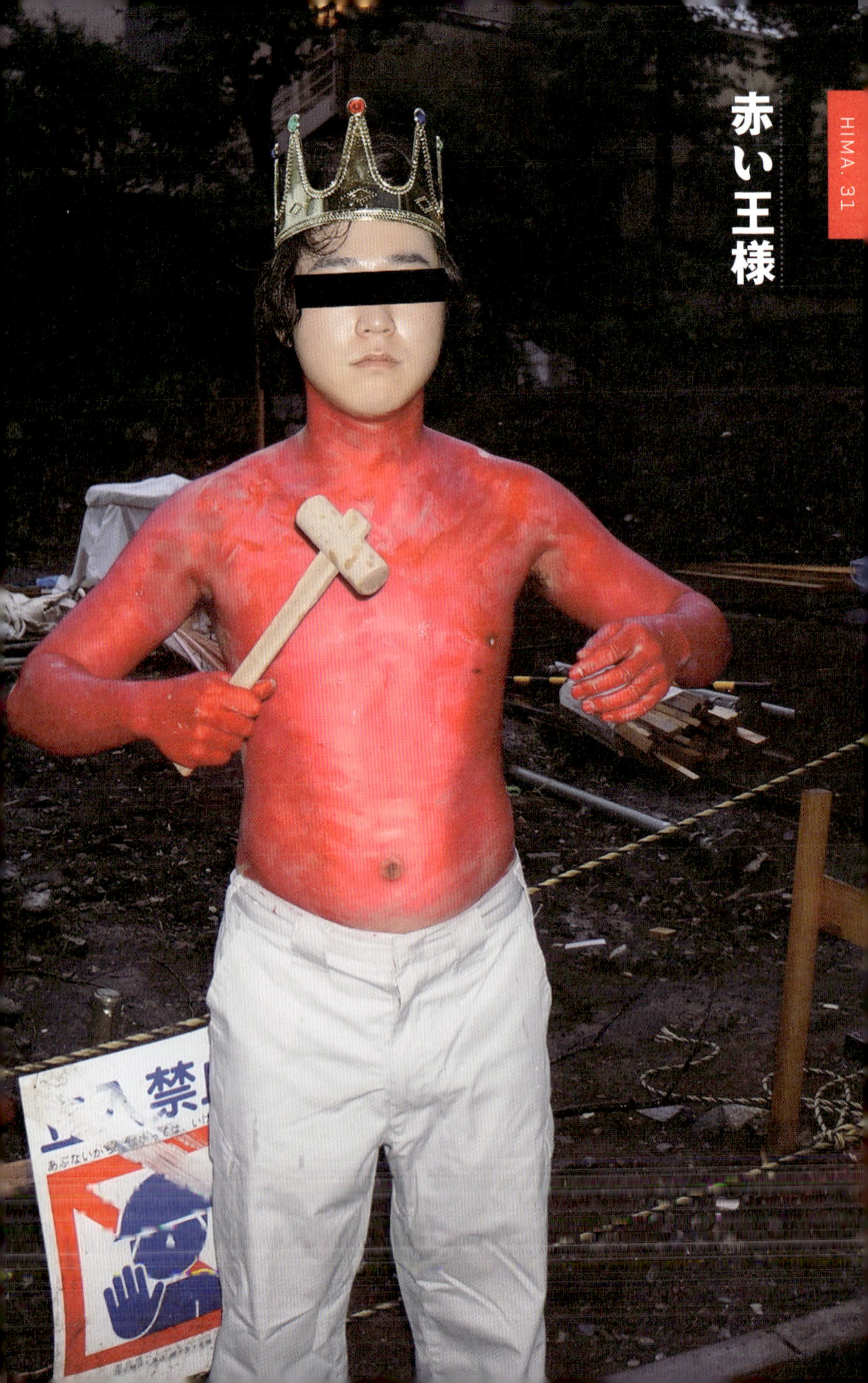

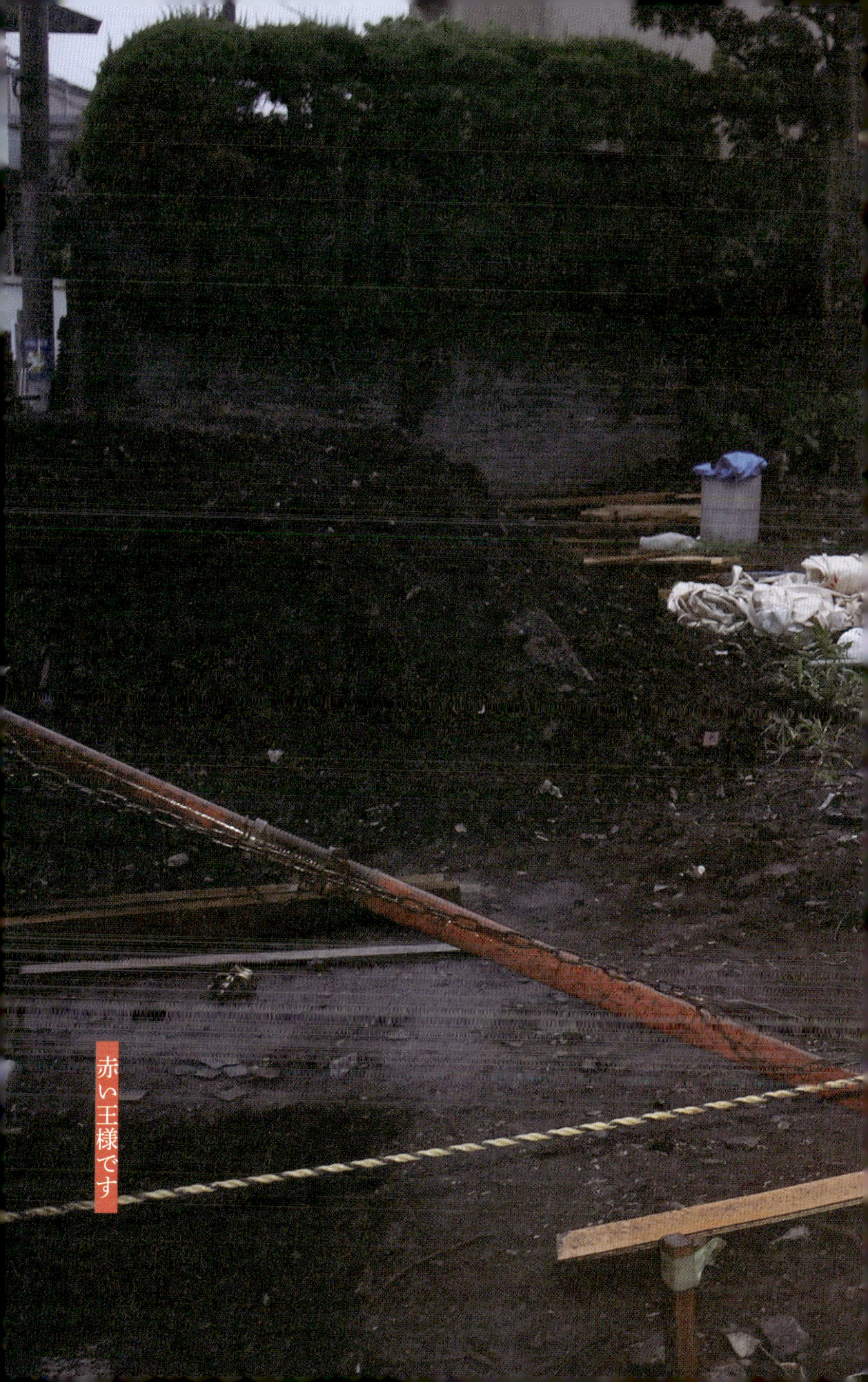
赤い王様です

アロハシャツから全ての花を取り除くと、通気性がよくなる

時　間	：4時間
分　類	：暮らし
集中力	：必要
難易度	：★★★☆☆

細かい作業は暇つぶしと相性がよく、単純作業であるほど時間の経過は早く感じるもの。とはいえ「そう言われても何をすればいいのかわからない」という方は、まず手始めに**アロハシャツから全てのハイビスカスを切り取って**みてはいかがでしょうか。

最初こそハイビスカスの複雑な形に苦労しますが、慣れてくると1ビスカス（ハイビスカスを数える単位）につき10秒で取り除くことができるはず。他の何にも応用できない技術がどんどん向上していくので、その時間の無駄さにゾクゾクしてくるに違いありません。

そして、ハイビスカスを全て切り取ったシャツは通気性が格段にアップするので、暑い夏にはピッタリ。街に出てみんなの視線を集めちゃえ！

ハイビスカスを全て切り取ったアロハシャツ

SAMPLEと書くだけで、あらゆる価値がゼロになる

Sample

感動する景色、思い出の詰まった品、高価な絵画などなど、人の心を揺さぶるものはたくさんあります。それらは私たちが幸せに生きていくうえで欠かせないものでもあり、かけがえのない**心の栄養**です。

さて、それはそれとして、それらをすべて無に帰す言葉が存在することをご存知でしょうか？　そう、〝**SAMPLE**〟です。〝SAMPLE〟と一言書くだけで、美しい浜辺は**フリー素材**と化し、絵馬も**まったく願いが叶わない感じ**になってしまいます。まるでそこから魂が蒸発するかのごとく、一瞬であらゆる価値を消失させる恐ろしい言葉、それが〝SAMPLE〟なのです。

あと、全然関係ないですが、自分が気付いていないだけで背中とかに「サンプル」って書いてあったらショックじゃないですか？　最近はそんなことを考えながら寝ています。

時　間	：10秒
分　類	：無駄
得る物	：虚しさと悲しみ
難易度	：★☆☆☆☆

SAMPLE
幡神
酉

SAMPLE

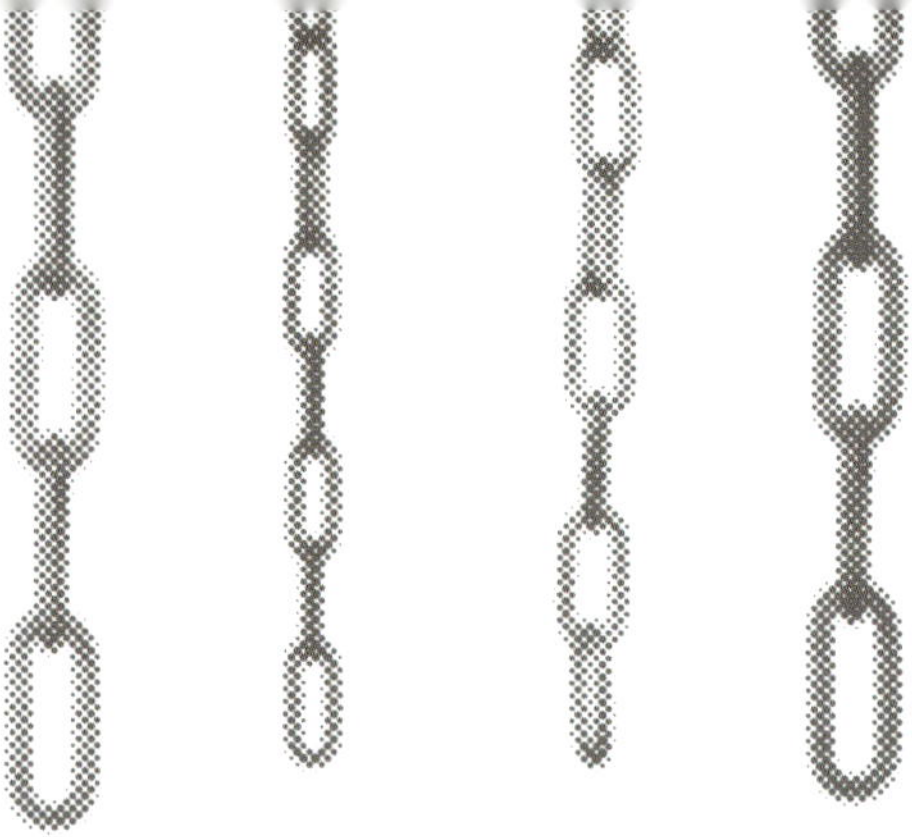

意外な組み合わせは、新しい食べ物を生み出せる

時　間	：１日
分　類	：食べ物
食　感	：外ゴリ、中ふわ
難易度	：★★☆☆☆

　世界で最初に「コーラ」という概念を生み出した人って、すごいと思いませんか？　同じように、「カレー」や「ガム」を最初に生み出した人も本当にすごいですよね。今となってはどれもメジャーな食べ物ですが、紐解いてみればコーラは**『黒い刺激物』**で、ガムにおいては**『味をつけたゴム』**。とても常識的な思考で辿り着ける発想ではありません。

　しかし、後世に残る発明とは常識を捨てた先にあるもの。意外な組み合わせがまさかの結果をもたらすこともあるため、私は暇な時間さえあれば、積極的に**新しい食べ物**を発明しようと試作しています。

　その最新作がこの「**鎖あげパン**」。食べると歯を折ることができます。１７６０円です。

ケガをしたところに蛍光塗料を塗ると、他人から気遣ってもらえる

暇を持て余している人はムダに身体を動かしがちですが、慣れないことをするとケガをしてしまうものですよね。

ケガといえば、痛む患部を他人に何気なく触られて地獄を見たことはありませんか？　骨折などの大ケガで包帯やギプスをしているならともかく、すり傷や打撲程度のケガは非常に気付かれにくく、他人のスキンシップが患部にダイレクトアタックしてくることもしばしば。相手に悪気がないため怒るに怒れません。

そんな時は患部に**夜光塗料**を塗りこみ、そして強い光を浴びてみましょう。光を溜めこみ、暗闇で発光する性質を持つ夜光塗料を塗れば、ケガをした部分が暗闇で緑色に光りだすのです。

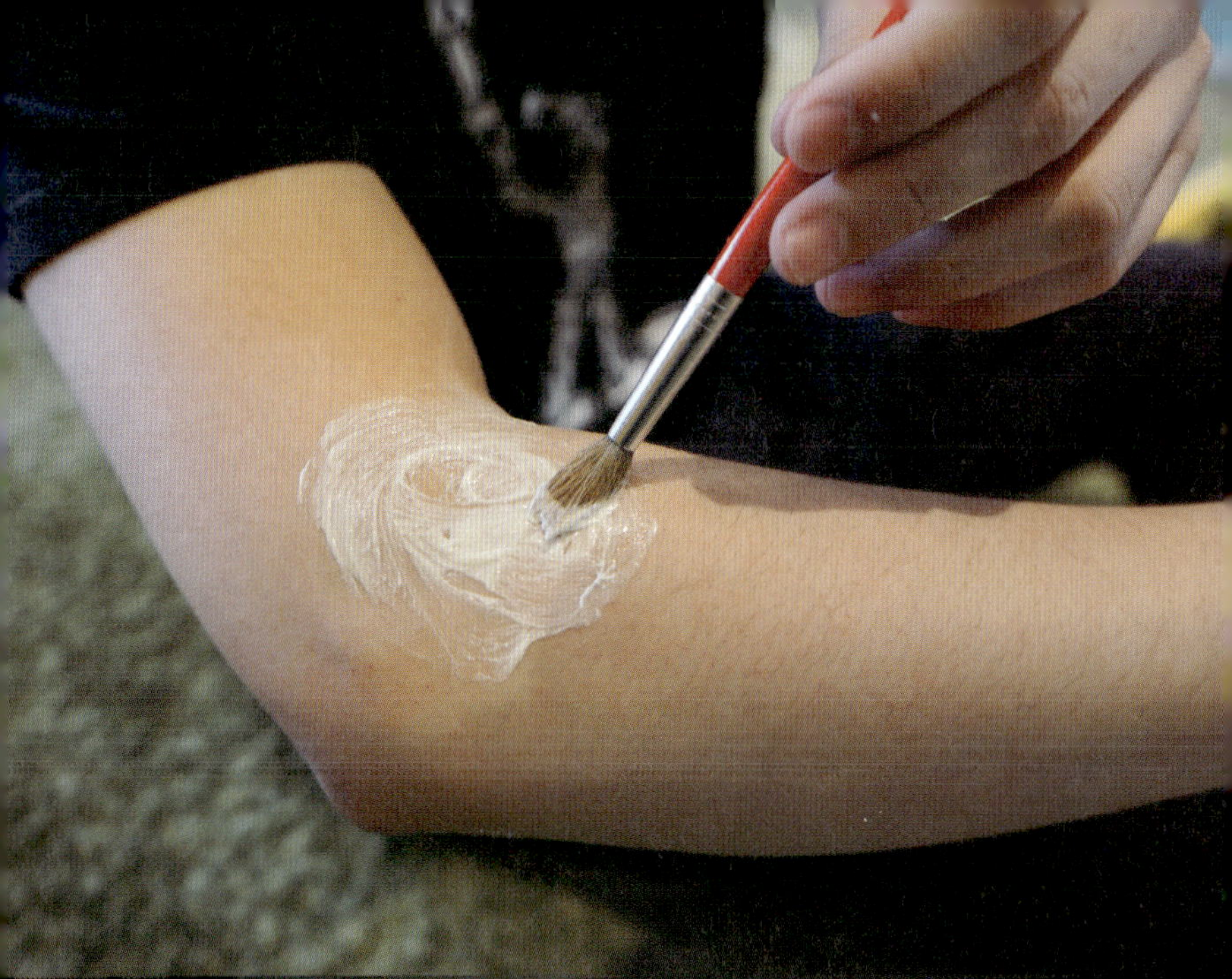

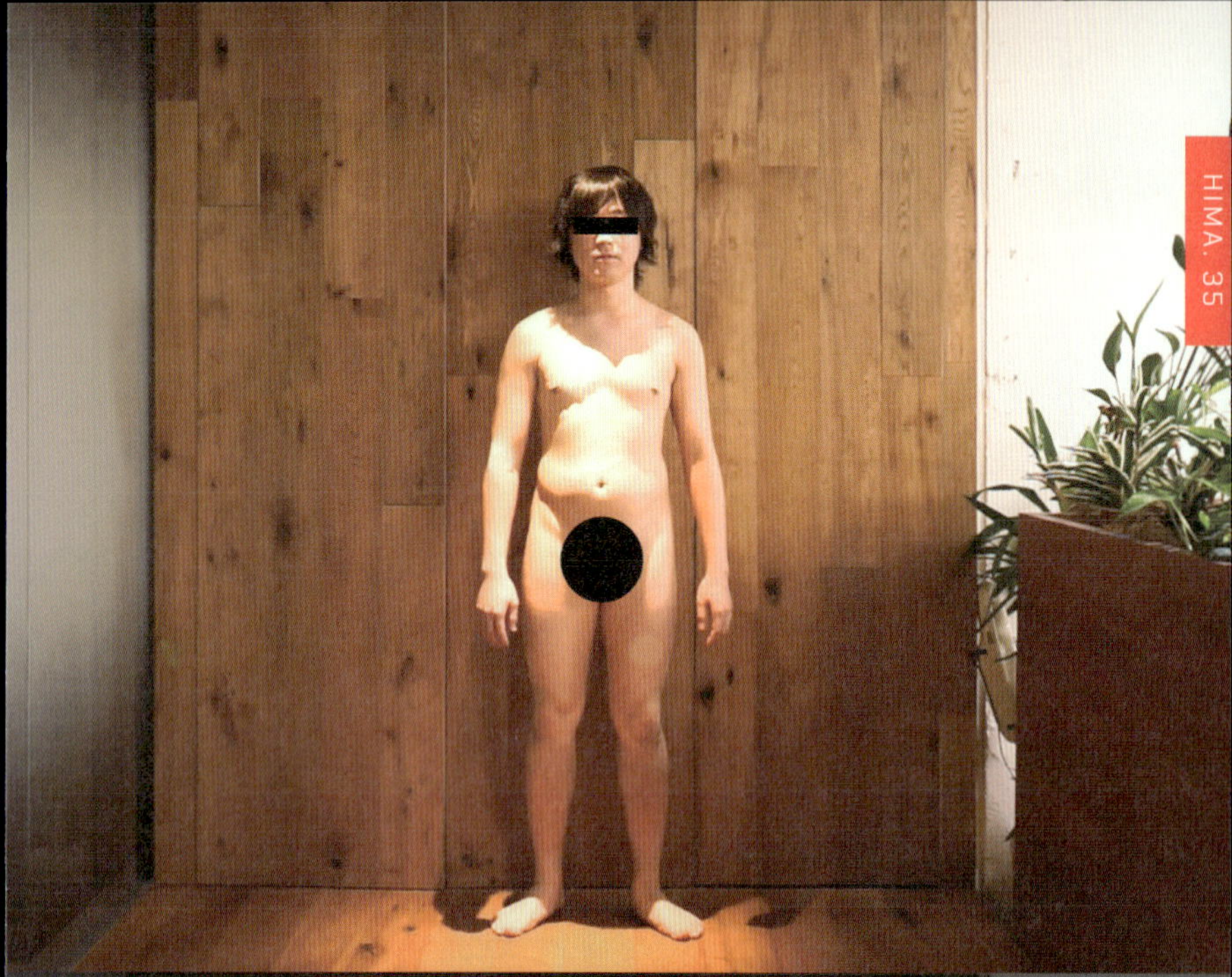

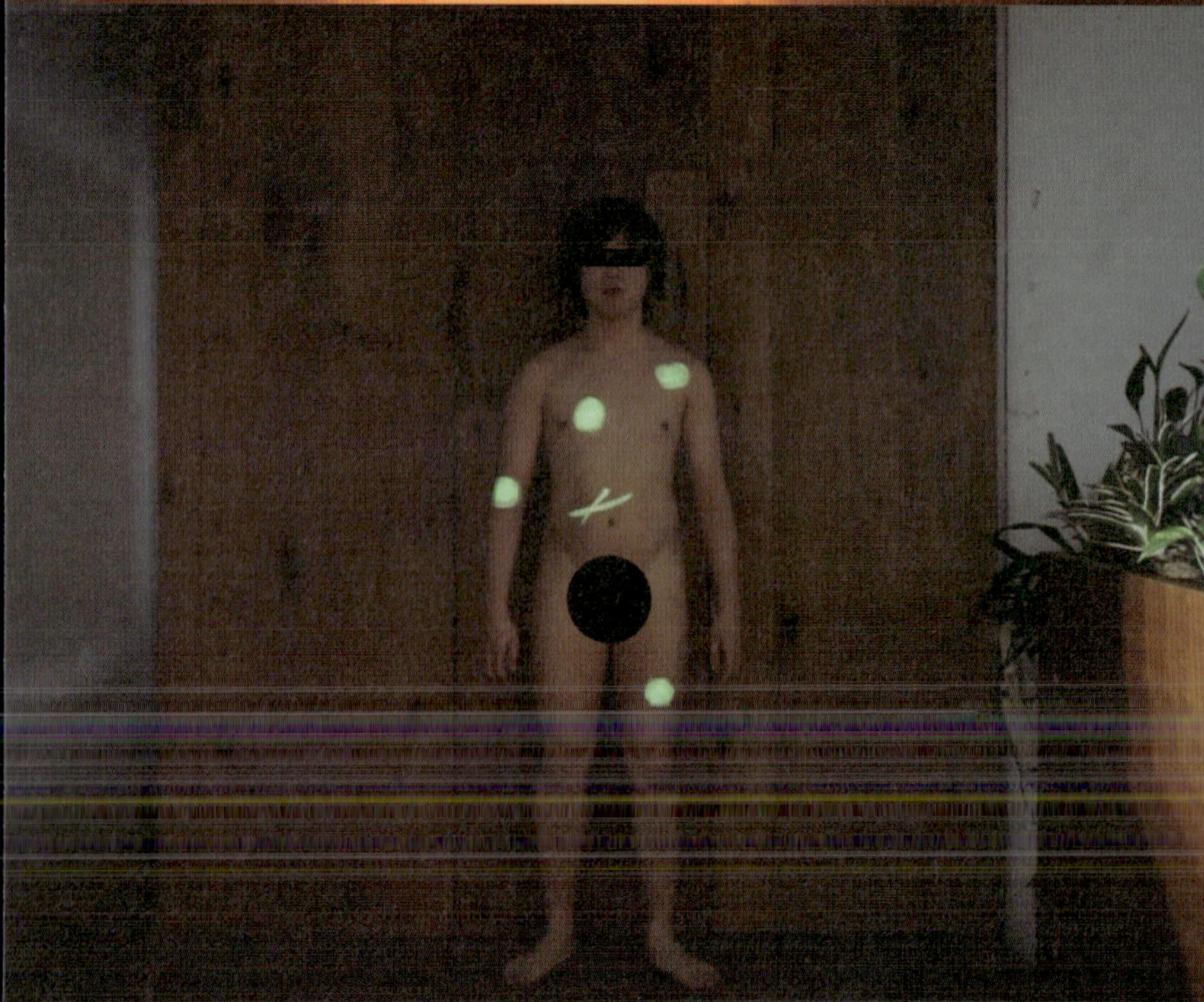

ケガをした部分が光る様子

その光景はまるで〝**シューティングゲームのボス戦で狙うべき相手モンスターの弱点**〟のようですし、もしくは〝**相手の弱点を見抜ける特殊能力者の視界**〟のようでもあります。そう、私たちはこれまでのゲームやマンガの影響で、他人の身体の一部が光っていれば、そこが弱点であると即座に認識することができるのです。これなら身体の痛む部分をさりげなく相手に知らせることができるでしょう。

常に全裸でいる必要があるとはいえ、この方法ならば他人からのスキンシップで患部に触れられる心配はありません。何故ならば、常に全裸な上に身体が緑色に光っている変質者にスキンシップを試みる者が現れるわけなどないからです。

さようなら。

時　間	：	10分
分　類	：	お役立ち
見た目	：	プラネタリウムみたい
難易度	：	★★☆☆☆

うどんを『フーフー』してくれる装置を作ると、部屋が終わる

時　間	：3時間
分　類	：お役立ち
部　屋	：うどんまみれ
難易度	：★★★★☆

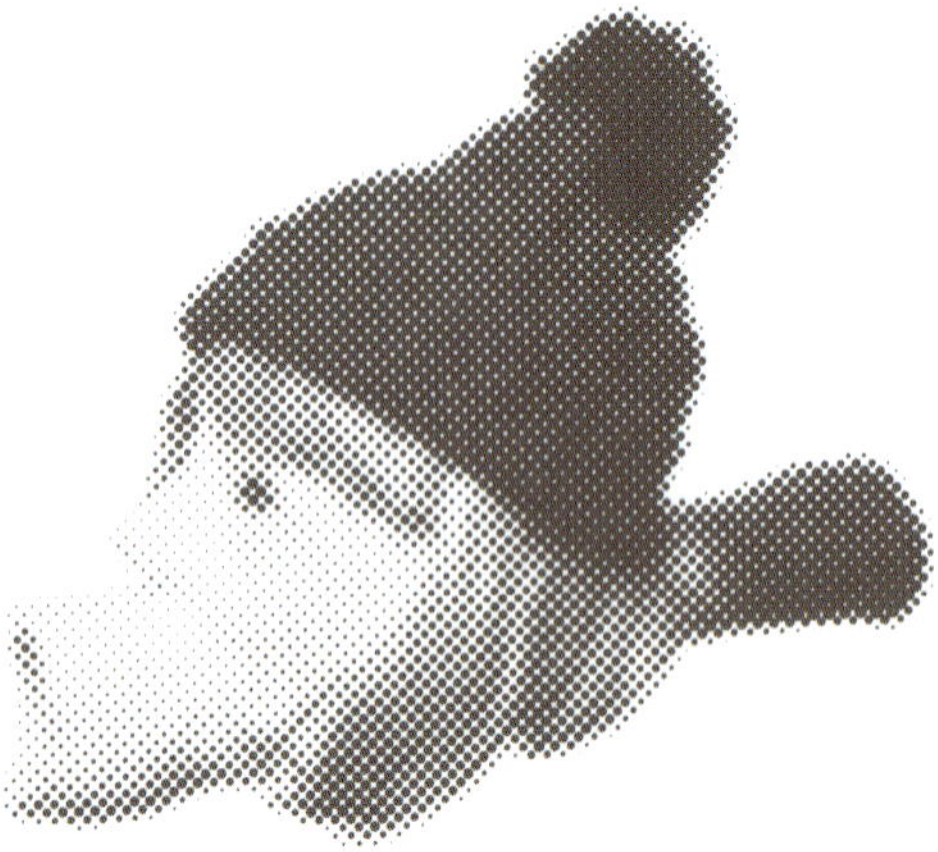

鍋焼きうどんやグラタンなど、熱々の食べ物は総じてウマいものですが、いちいちフーフーと息を吹きかけながら食べるのは面倒ですよね。できれば自動化したい工程ですし、欲を言えば**美少女にフーフー**してもらいたいものです。

そこで私は、強力な風を生み出す送風機に美少女の顔を付けた「**美少女フーフー装置**」を開発しました。スイッチを入れればガソリン式の送風機がうなりを上げ、美少女の口から風速80メートルの風が吹き出るという仕組みです。

実際に鍋焼きうどんを食べている時に起動してみたのですが、送風機がパワフルすぎたせいで、全てが吹き飛ばされてしまいました。皆さんは送風機のパワーを落として試しましょう。

Husqvarna

自分の尻の大きさを測定しておくと、ピンチを回避できる

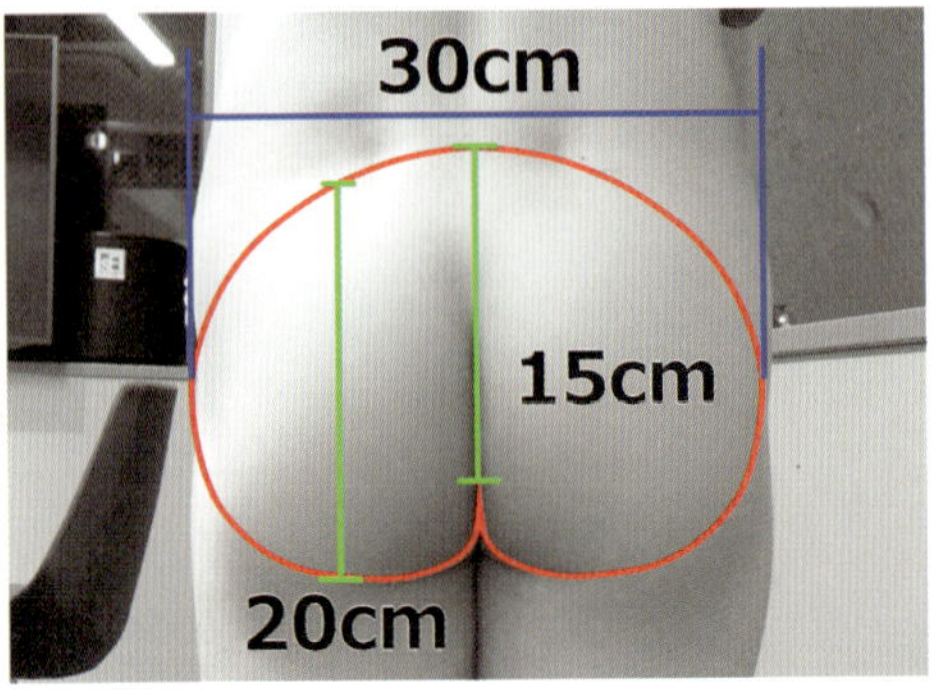

時　間	：5分
分　類	：お役立ち
人　数	：2人だとやりやすい
難易度	：★☆☆☆☆

「人生には暇な時間など存在しない。それは本当にやるべきことに気付いていないだけだ」。この言葉は私の恩師が言っていた名言なのですが、言葉が本当だとしたら、私たちが見逃している「本当にやるべきこと」とは一体何なのでしょうか？　私は「**尻の大きさを詳細に測定しておくこと**」だと思っています。

私たちは、自分で思っているよりもずっと**自分の身体のことを把握しきれていません**。もし自分の尻よりも小さい洞窟に入る機会があったら？もし尻の大きさが30センチ以上の人間だけを攻撃するサソリがいたら？　どれもあり得ない話ではありません。そんなピンチを回避するためにも、時間がある時にこそ、尻の大きさを計測してはいかがでしょうか。そして尻の大きさを計測したら、その数値を私にメールで報告してください。

時間	：4.5時間
分類	：工作
体調	：悪くなる
難易度	：★★★★★

ジグソーパズル柄のジグソーパズルを作ると、気が狂う

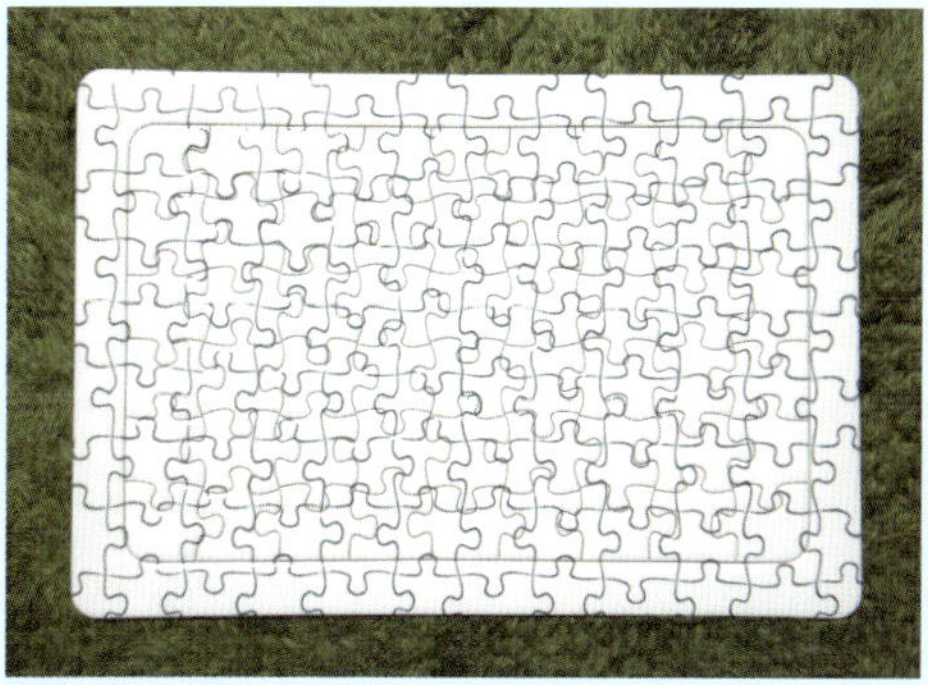

暇つぶしの代名詞であり、何なら暇人しか遊ぶことのできない**ジグソーパズル**。絵柄を頼りにピースを合わせ、一枚のイラストを完成させることが目的の「効率」という言葉から最もかけ離れたオモチャです。もはや暇をつぶすことだけに特化したジグソーパズルですが、そこまでして暇をつぶしたいのなら、さらに難易度の高い「**ジグソーパズル柄のジグソーパズル**」を作ってみてはいかがでしょうか。

ピースが印刷されたピースを必死で組み合わせ、頭をかきむしりながら完成させたところで、あなたの目の前に現れるのは再びのジグソーパズル。この無間地獄のような体験に、あなたの精神は音を立てて崩壊していくことでしょう。

私はこれを受験中の友人にプレゼントし、縁を切られたことがあります。

鼻をつまみながら登山をすると、なんら価値観が変わらない

時　間	：７時間
分　類	：暮らし
爽快感	：皆無
難易度	：★★★☆☆

都会の喧噪から離れ、マイナスイオンあふれる山道を登る「**登山**」。暇を持て余すと無性に身体を動かしたくなるため、ふと山に登りたくなる方も多いでしょう。

しかし、今のあなたが都会で生活をしているのなら、登山はオススメできません。コンクリートジャングルの空気に慣れた人間が山の新鮮な空気を大量摂取すると、自分の生活している環境が**いかに劣悪か**を再認識してしまうからです。

もし、それでも登山がしたいのであれば、山を「**臭いもの**」として扱いましょう。土はウンチ、木はチンチン、マイナスイオンは屁と思いながら、鼻をつまんで登山をするのです。

新鮮な空気を吸わなければ、あなたの価値観は守られるでしょう。友達は減ります。

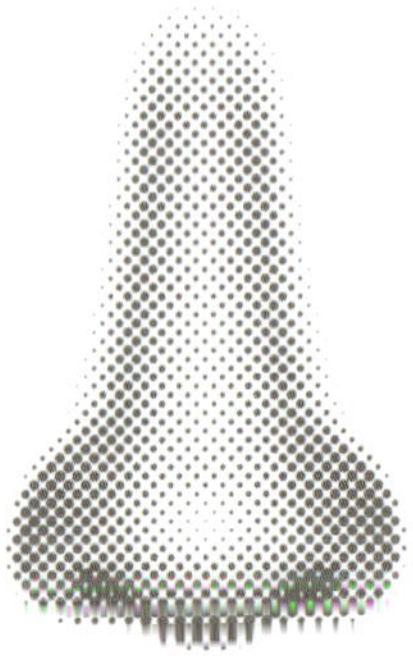

頂上での記念写真

マッサージ師に肉を揉んでもらうと、美味しくなる

いくら暇でも腹は減るもの。たまには美味しいステーキを食べたいけれど、お金に余裕はない……。そんな経験はありませんか？　そんな時は特売の安いブロック肉を購入し、それを**マッサージ師に揉んでもらいましょう**。マッサージ師は「ほぐしのスペシャリスト」。人の肉をほぐして肩コリを治せる彼等なら、安くて固いブロック肉でも柔らかくほぐしてくれるはずです。

生肉へのマッサージは、まず通常の施術通り**触診**から始まります。患部を手で触ることで体温や血行の状態を調べるのだそうです。先生に生肉の状態を聞いてみたところ、「**死んでいます**」とのこと。触っただけでそこまでわかるとは、やはりプロといったところでしょうか。

その後のマッサージでは、生肉のツボを探して指圧をしたり、リズミカルに叩いたりして固くなった肉をほぐしてもらいました。静かな店内に生肉を叩く音が響いた時には何とも言えない感覚に襲われましたが、いやはや、ここまで幸せな生肉はなかなかいないでしょう。

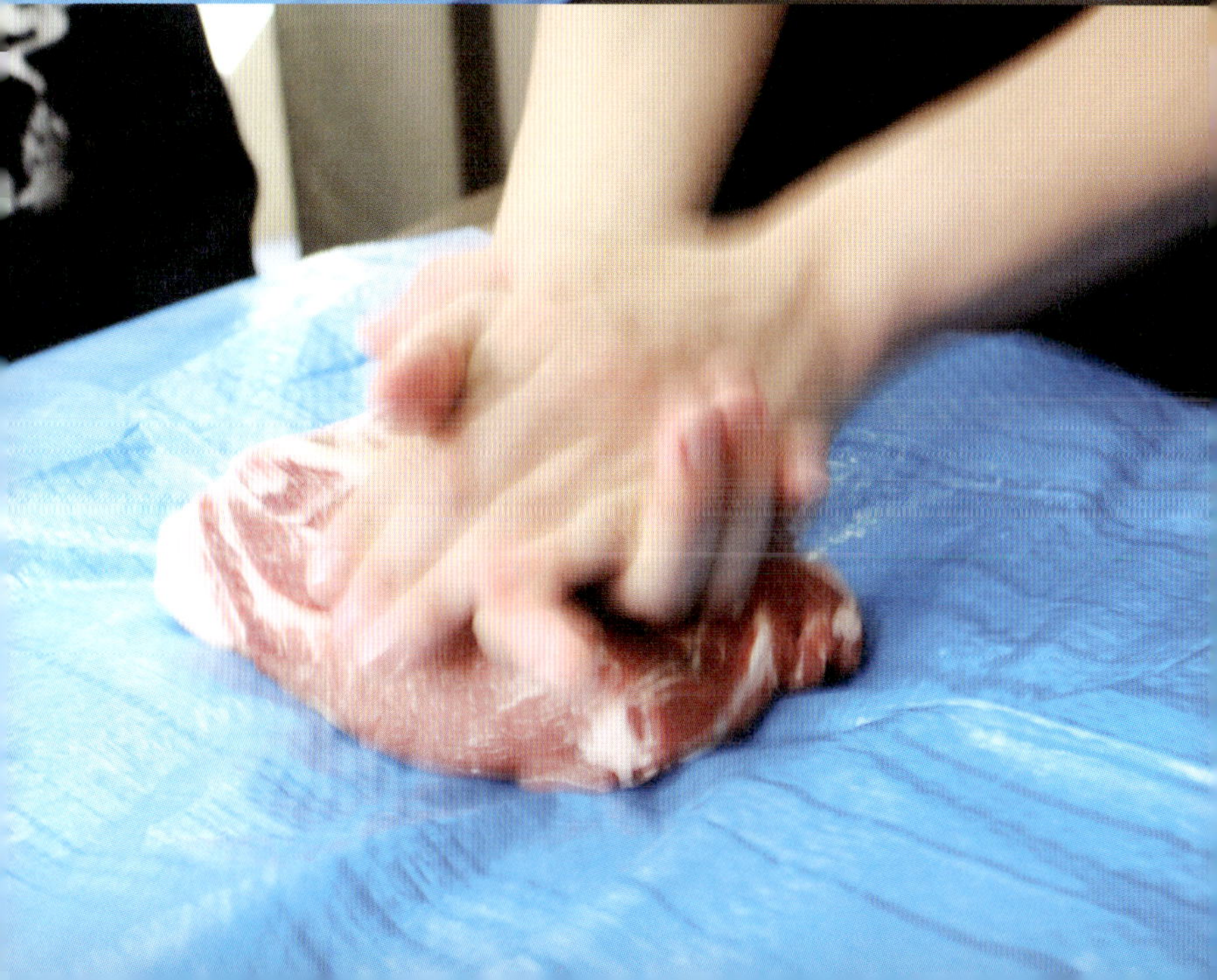

マッサージを受けた肉を食べてみると…

マッサージを受けた肉は、非常によく揉みほぐされていて、施術前よりも一回り大きくなっていました。早速家に持ち帰って焼いてみると、明らかに肉質が柔らかくなっており、肉汁も多く、まるで**高級肉のような味わい**に大変身。

通常、肉を調理する際にはハンマーで叩いて筋繊維を柔らかくする工程がありますが、生肉をマッサージすることで、その工程を**丁寧かつ優しく再現**できたのが美味しさの秘訣なのでしょう。あなたも格安で美味しい肉を食べたい時には、ぜひともマッサージ店を利用してみてはいかがでしょうか。

運が悪いと通報されますが、頑張ってください。

時　間	：60分
分　類	：食べ物
待合室	：多少ざわつく
難易度	：★★★★☆

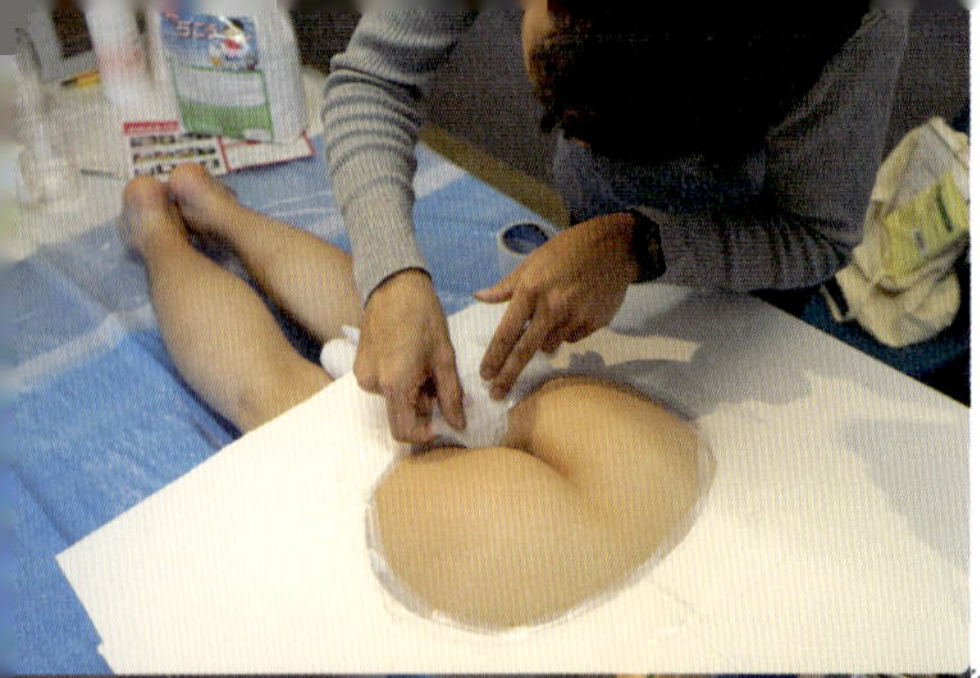

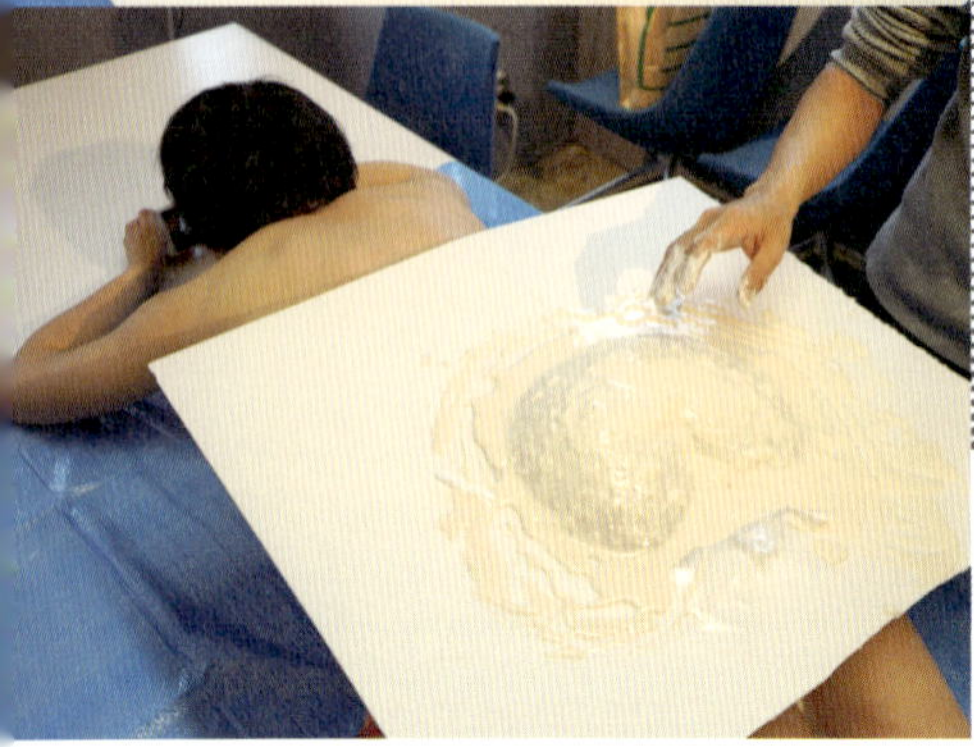

自分の尻を複製すると、愛着が湧く

時　間	：3日間
分　類	：癒やし
弾　力	：よく弾む
難易度	：★★★★★

皆さんにはチャームポイントはありますか?大きな瞳、口元のホクロ、スラリと伸びた美脚などなど、人にはそれぞれチャームポイントがあるかと思いますが、私の場合は「尻」がそうです。男離れした丸みを帯びた焼きたてのパンのような柔らかさを持つその尻はまさに私だけの宝物。一度触れば誰もがその虜《とりこ》となり、もれなく安産祈願も成就するという歩くパワースポットが、私の尻なのです。

しかし、これだけ価値のある尻を持っていれば、それを**奪おうと企む悪人**もどこかにいるはず。かつての戦国武将が自分の命を狙われないよう**影武者**を雇ったように、私たちも**チャームポイントの複製**を作っておく必要があるのではないでしょうか?そこで私は専門業者を呼び、尻の**複製**を作ることにしました。

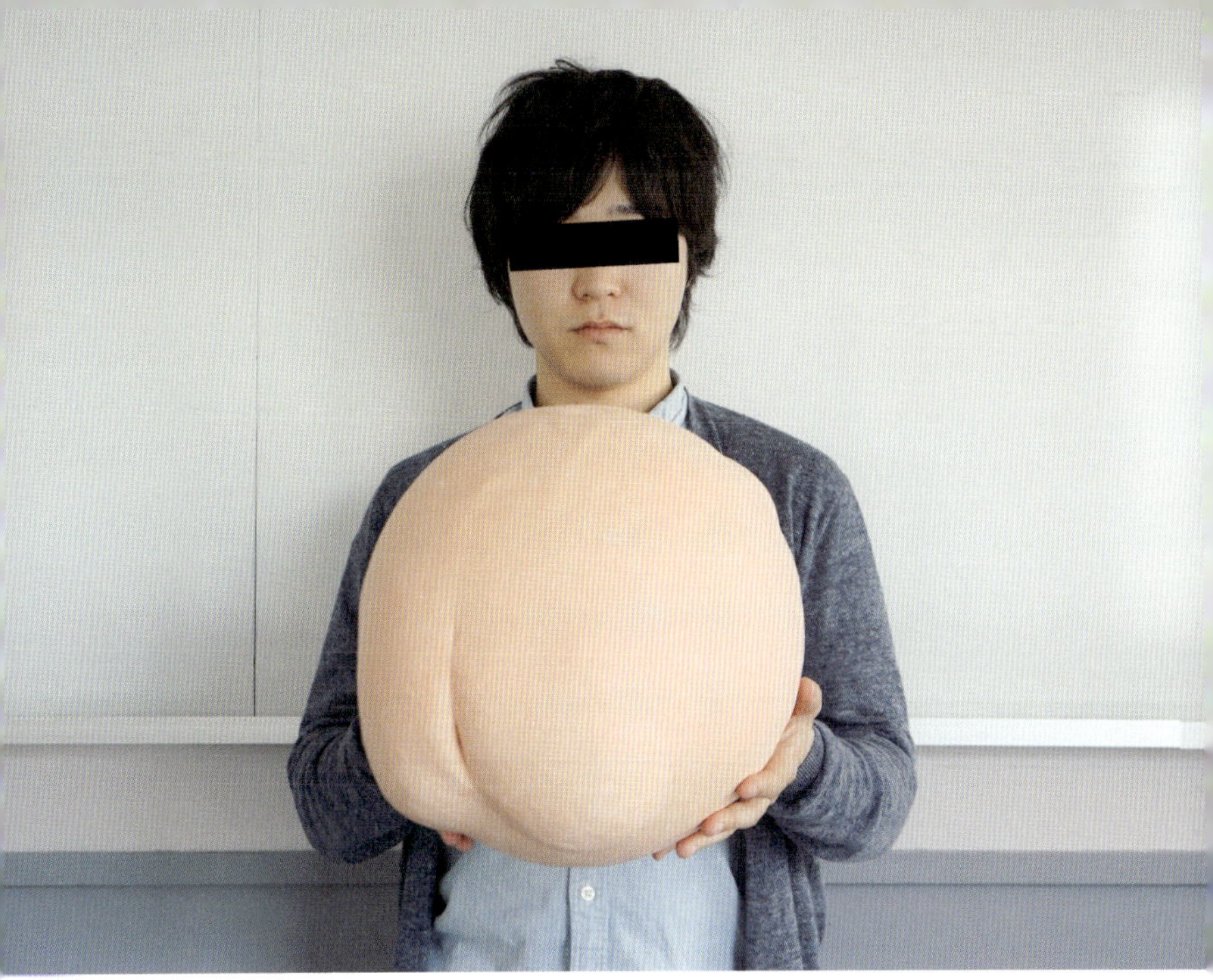

全裸でうつ伏せになり、シリコンと石膏を尻に塗って型を取る最中、冷たいシリコンが生尻に塗られるたびに「ホァ！」という情けない声を漏らしてしまいましたが、業者の人が「今、お尻が、ケーキみたいになってます！」、「今は蒸しパンみたいっス！」などと、現状報告をしてくれたおかげで何とか耐えることができました。基本的に洋菓子で例えられることが多かったです。

　そして数日後、尻型を元に製作された私の『もう一つの尻』が手元に届きました。寸分の狂いもなく作られたそれは、完全に私の尻そのもの。自分の尻なので両手で持つと**吸い付くように手に馴染みます**。身体の構造上、自分の尻は肉眼で見ることはできないのですが、こうして複製を作って直視してみると、自分のモノだけあって愛着が湧いてきます。

　これからは一緒に寝たり、外出したりと、テディベアと同じ扱いをするつもりです。

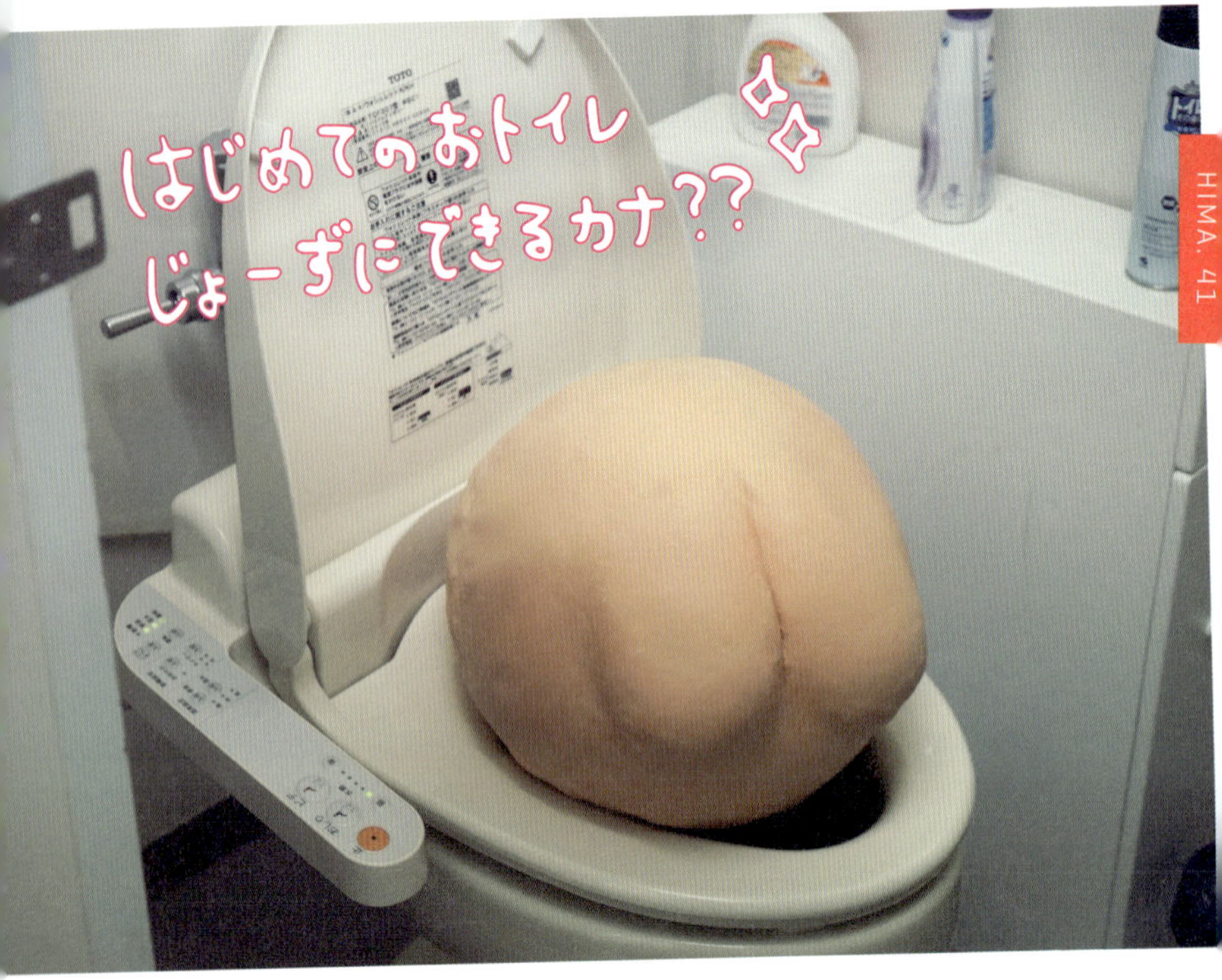
はじめてのおトイレ
じょーずにできるカナ??

いっちょまえに
たそがれています(笑)

ちょいちょ〜い！
こんなに食べられるの〜？

小さい春、
見いつけた

レーザーマシンを買うと、家でもテンションが上がる

時　間	：いくらでも
分　類	：暮らし
視　力	：落ちる
難易度	：★★☆☆☆

最も暇を持て余しやすい場所とされる自宅。何かしたいけど思いつかない、外に行くにも準備が面倒、でも暇なのは嫌。そんなことを繰り返し考えているうちに、気付けば外は真っ暗。一度は外に出ておきたくて、近くのコンビニに行ってみる……。そんな経験はありませんか？　主に大型連休の後半にありませんか？

　私の経験上、その原因のほとんどは、**自分のテンションを上げるきっかけ**を見つけられていないからです。そんなあなたにピッタリなのが、どんな状況でもスイッチ一つでテンションが上がってしまう「**レーザーマシン**」。クラブやライブハウスなどで使われるこのマシンを使えば、いつもの部屋に鮮やかすぎる閃光が走り、気分は最高潮。掃除や洗濯などの退屈な家事も、レーザーマシンさえあれば、そういう**前衛的なライブパフォーマンス**に見えないこともありません。

　数十年後、私が遺書をしたためる際には、葬式でもレーザーマシンを使ってＢＧＭにレゲエを流すようにと書いておくので、ぜひ遊びに来てください。

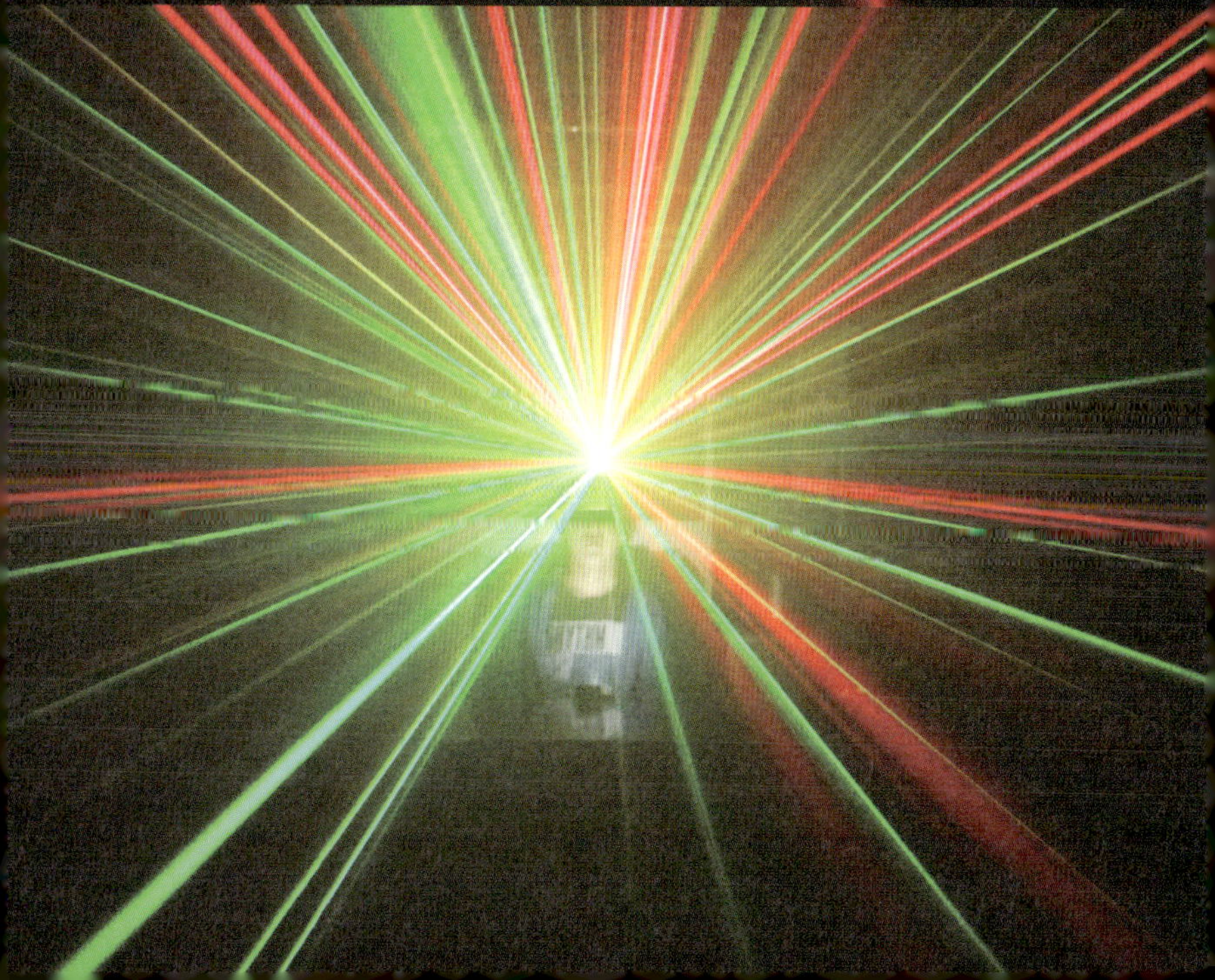

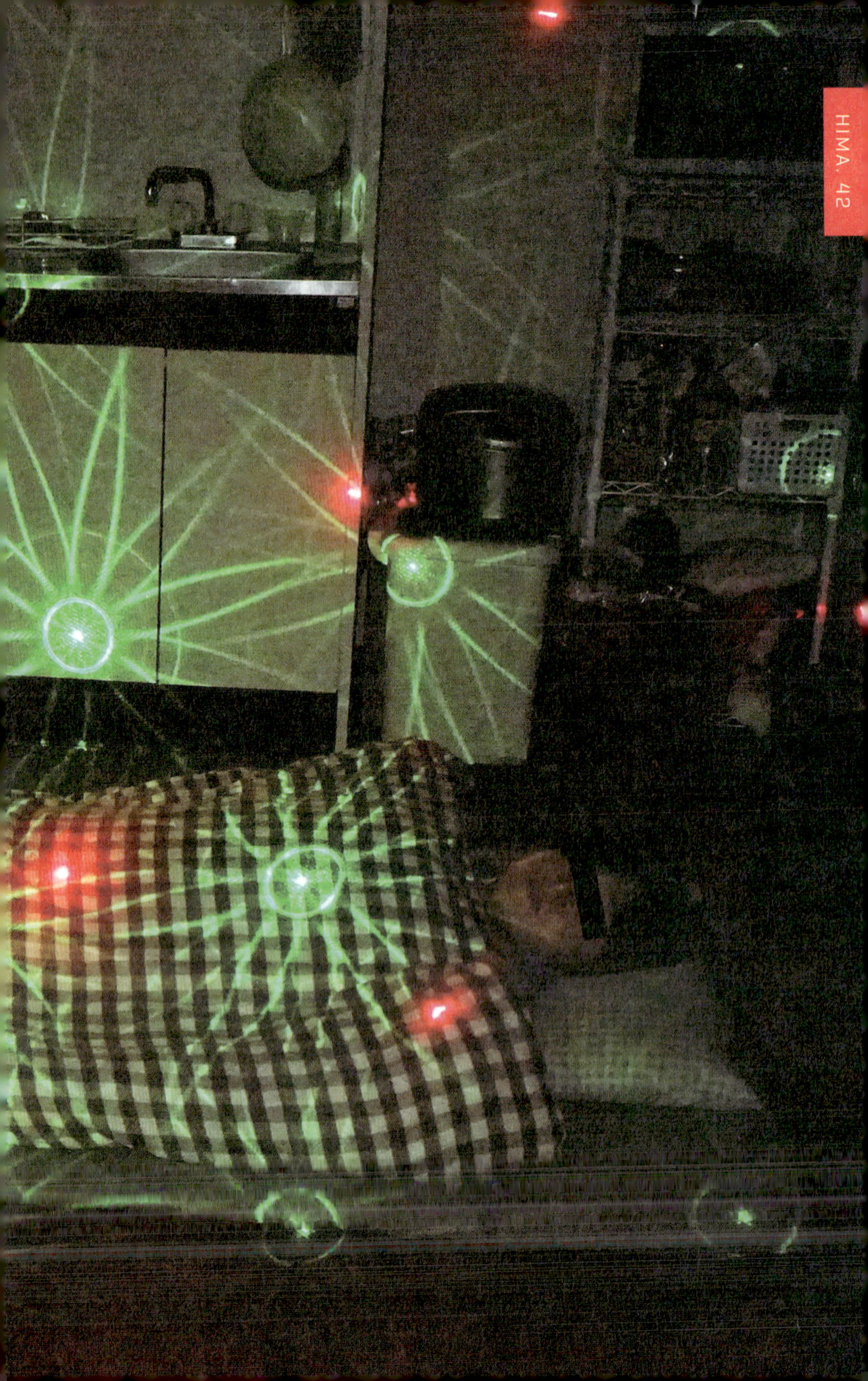

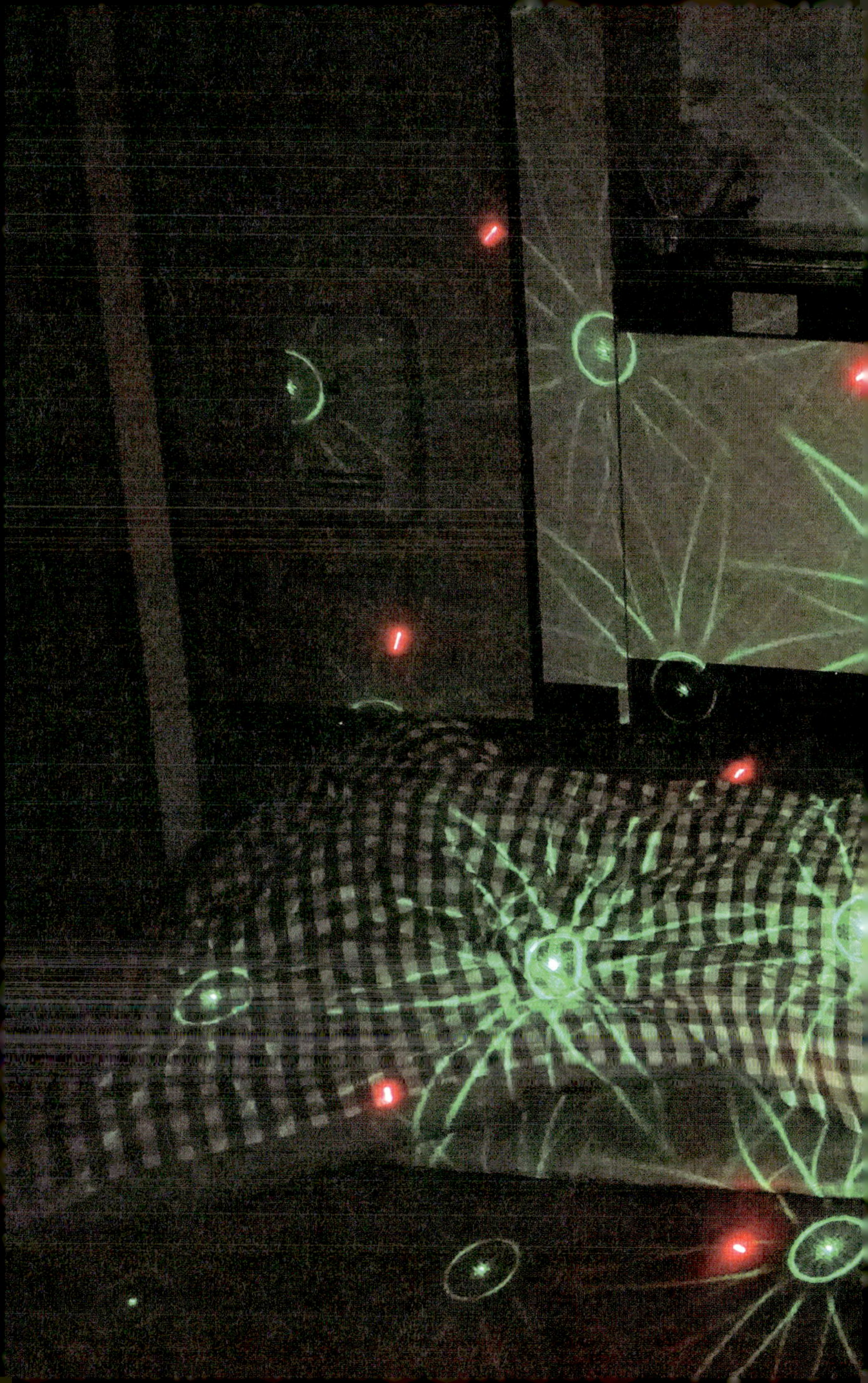

ARuFaってどんなヒト？

この本の作者、ARuFaって一体どんなヒトなの？

本人をよ〜く知る人たちに、ぶっちゃけトークを聞いちゃいました！

INTERVIEW. 1

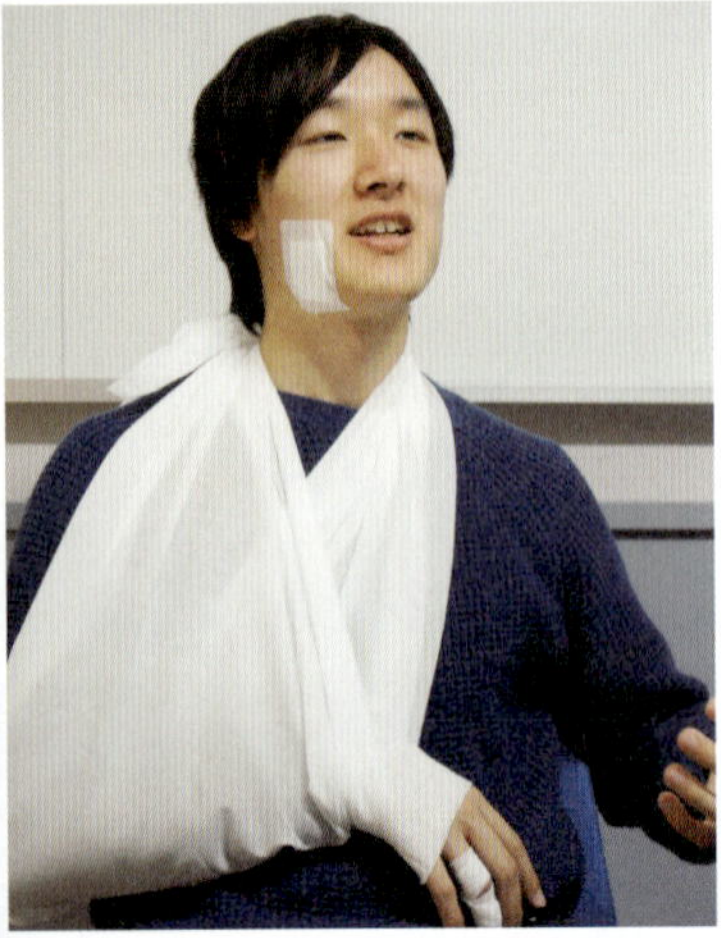

神田 匠 さん（友人）

ARuFaさんですか？　一言でいえば『素晴らしい人』ですね。優しくて人望があって、とにかく完璧なんですよ。この前は、川で溺れている人を助けてて。感動しちゃいましたよ、僕。

この腕ですか？ いや、階段で転んじゃったんですよね。それはそうと、ARuFaさんは素晴らしい人です。

INTERVIEW. 2

中屋 辰平 さん（仕事仲間）

ARuFa様は大変素晴らしい人格者ですね。他人の幸せを第一に考えているような方です。この前なんて、川で一度に50人が溺れていたのですが、それも全員1人で助けていました。まるでヒーロー…いや、私にとっては、もはや「神様」ですね。

え？　ケガ？　ああ、ちょっと階段で転んでしまいまして。

ウチの階段、急なんですよ。ARuFa様の家は階段も急じゃなさそうなので、素晴らしいです。

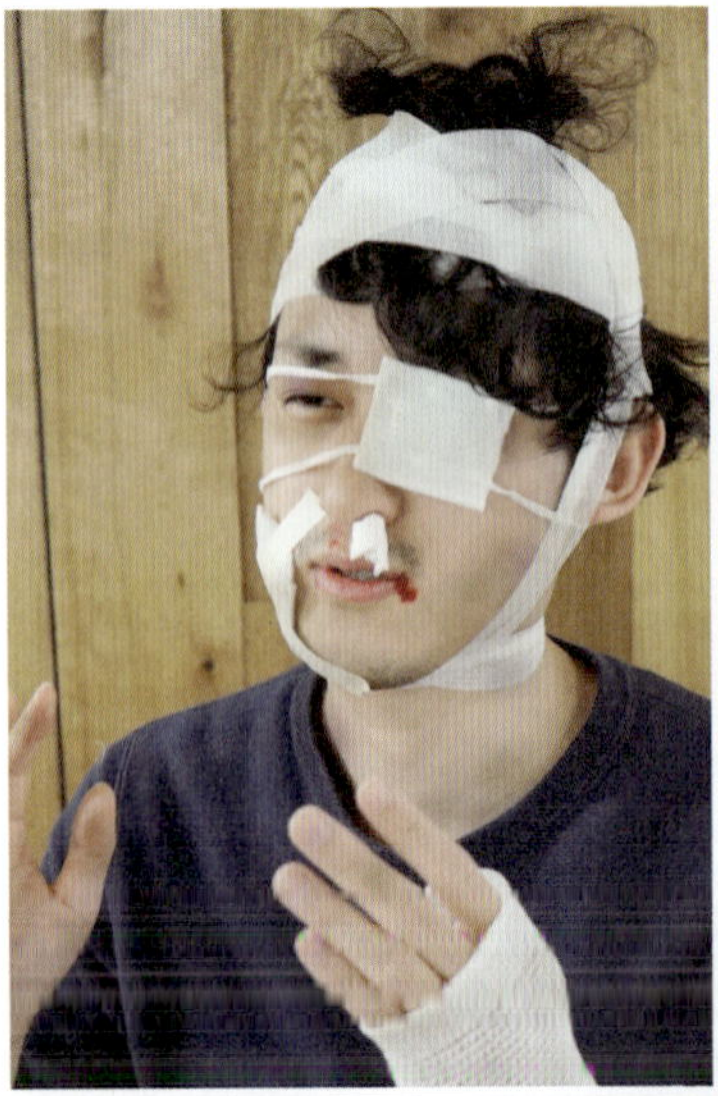

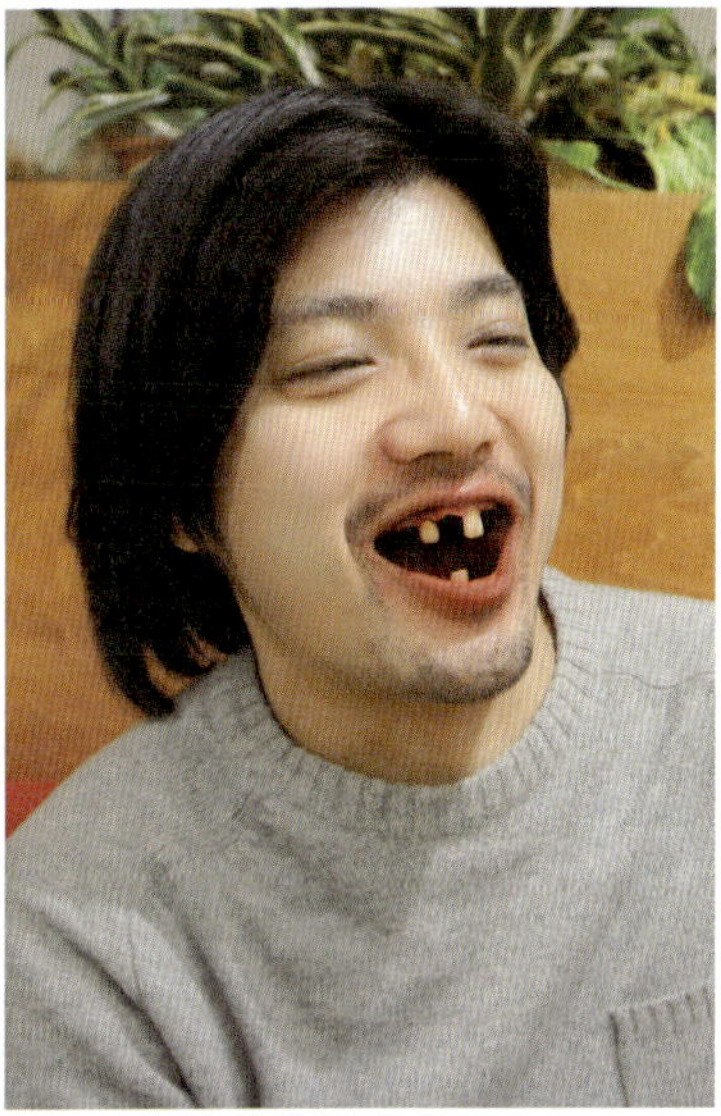

加藤 亮 さん（同僚）

ファフハハンアフェイヒヘハフ！ファイフィンアァ、ハァヘホホヘハヒホホ、ハフヘテヘ。フホイヘフッホヘ！　コホハヘフハ？　ハイファンフェフォフォンハッヘ〜。フォヒハフ、ファフファファンハフホイ！ッヘ、コヘハンハイホヒッヘハフヘ(笑)　ホヘヒヒヘホ、ホウハハフヒヘフヘ〜、ホンハヒハフイホハホヒホホホイハフホ、ホウ、ハホハフフヒホヘ。ハアホッハホホハヒィ〜ヘフハ！ヒンヘン、ヘンヒハヒヒハンヘフハラヘ！

インタビューを終えて

なんとな〜んと全員が好印象！これはもう、絶対本当に素晴らしい人だってことじゃないですか！　つまり、この本の作者 ARuFa は、本当にとてもすごい人なんですね！これを見ているキミも、周りの人たちに ARuFa 様の素晴らしさを語ってみては？

え？　手に血がついてる？　何言ってんの？　やめてよ。

誰も撮っていないであろう場所で記念写真を撮ってみる

時　間	：10秒
分　類	：写真
感　想	：寂しい
難易度	：★☆☆☆☆

この世にある記念写真は、そのほとんどが同じような場所で撮影されていることにお気付きでしょうか。観光スポット、遊園地、顔ハメパネルなど、いつしか我々の「記念」は他人によって用意されるものになってしまったのです。このままでは人類は記念写真に支配され、顔ハメパネルさえあればマグマの中にでも「え、ウケるんだけど?」と、喜んで身を投げることでしょう。

そこで、読者の皆様には、ぜひとも**誰も寄りつかないような場所**での記念写真をオススメします。真っ暗闇の中心で、取り壊し中の店の前で、その辺のガードレールの前で記念写真を撮影してみるのです。これが本当にビックリするくらい何の感情も湧いてきませんが、そんな経験ができるのも、この方法ならではでしょう。

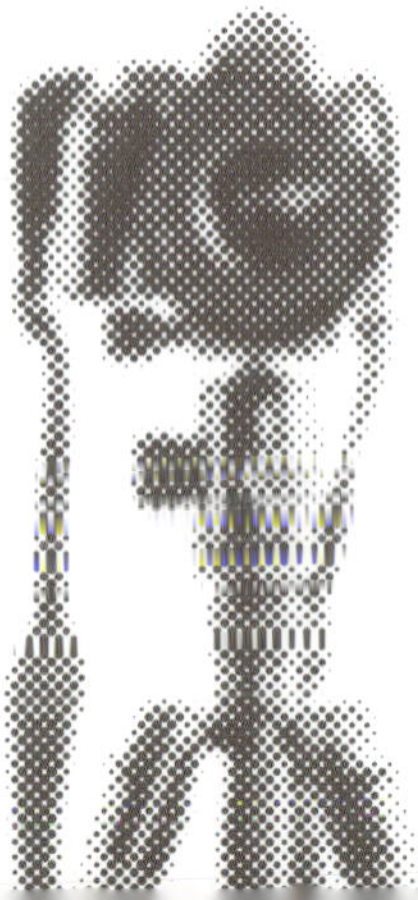

大根にストッキングを穿かせるとセクシーになる

ブリーフを切り抜くと、永遠に汚れなくなる

時　間	：20分
分　類	：暮らし
トイレ	：そのまま可能
難易度	：★★★☆☆

我々人間が、毎日のように穿いている下着。衣服の下に穿き、汗などを吸収する役目を持つ下着は、その性質上どうしても汚れてしまうもの。特に色の白い「**ブリーフ**」は、他の下着と比べても汚れが目立ちがちですよね。

しかし物事は考え方次第。汚れやすい部分を切り抜いてしまえばアラ不思議。**永遠に汚れることのないブリーフ**を作り出すことができるのです。

その無駄のないデザインと、高すぎる通気性は「まるで何も穿いていないようだ」と評判も高く、脱がなくとも用を足せるため、非常に機能的な**次世代の下着**と言えるでしょう。上半身に着れば「シャツ」としても着用可能。これからは上下にブリーフを穿く時代だ！

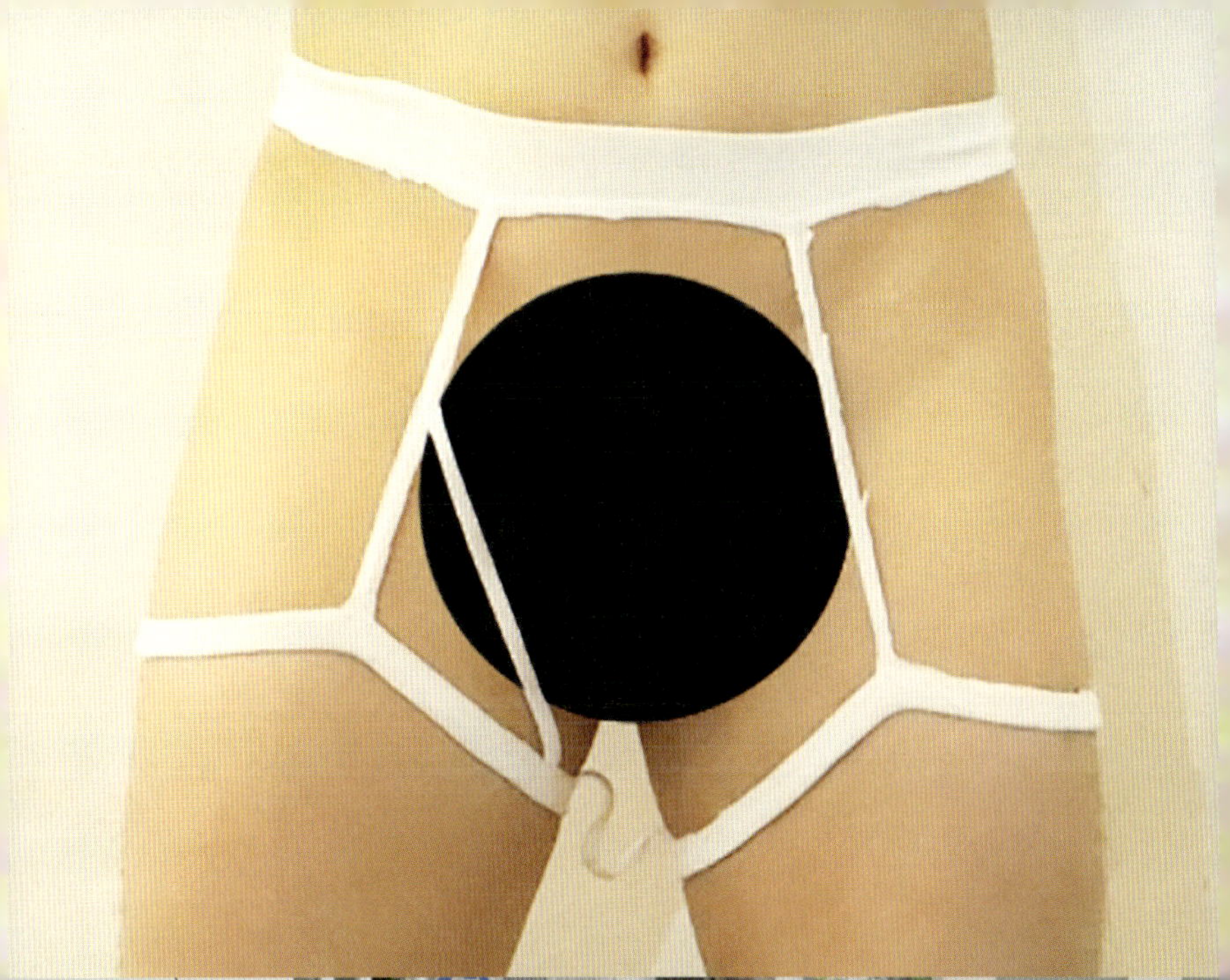

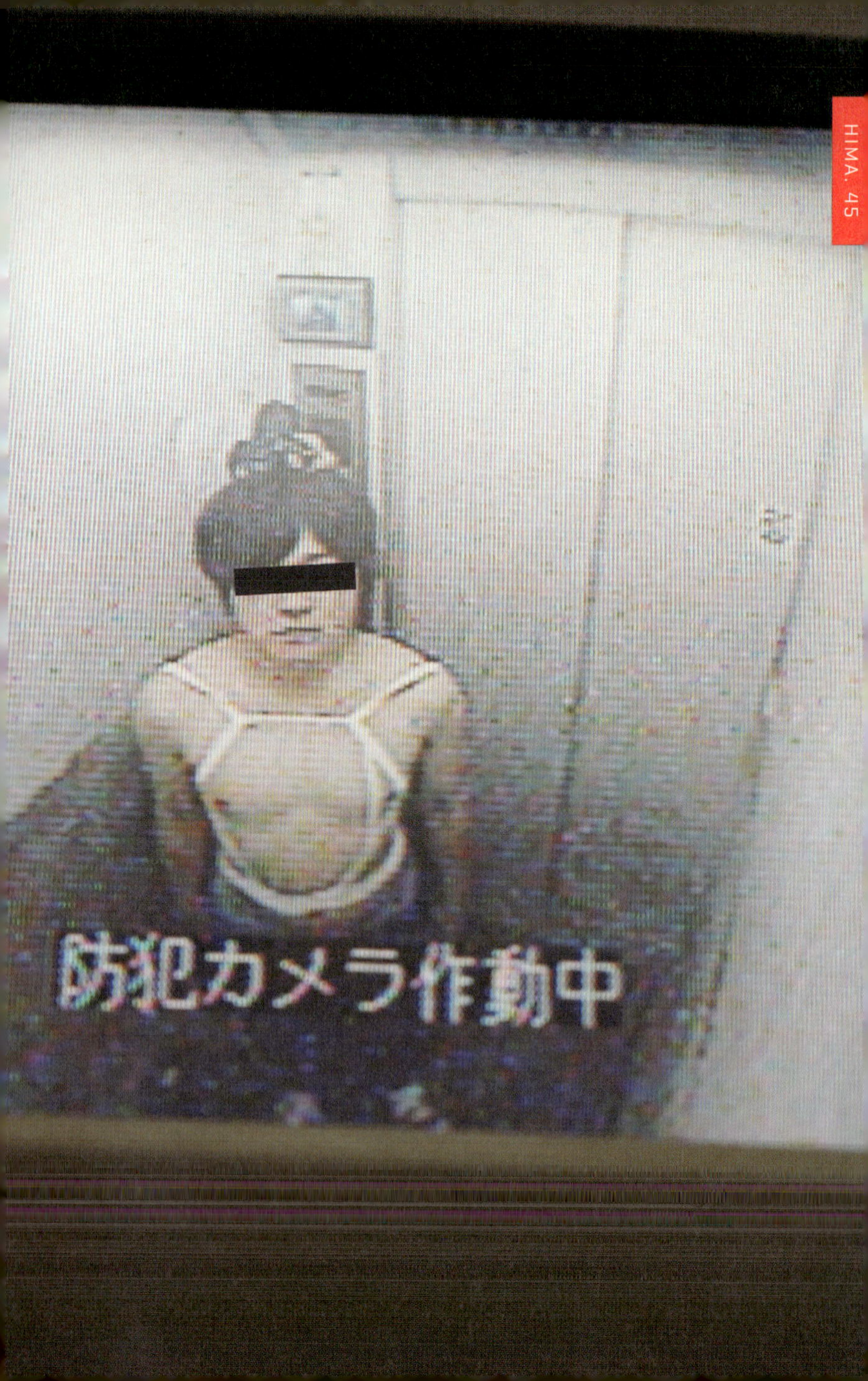
防犯カメラ作動中

乳酸菌飲料のペットボトルに顔を貼り付けると、ドキドキできる

時　間	：15分
分　類	：新感覚
部　屋	：暗めにしておく
難易度	：★★☆☆☆

何気ない日常にピンク色の刺激を求める人は、今すぐペットボトルタイプの**乳酸菌飲料**を買ってみることをオススメします。とにかく騙されたと思って買ってみてください。できれば500ミリリットルの大きなタイプのものが好ましいでしょう。

そしてそこに**好みの顔**を貼り付けて、薄暗い部屋で、ゆっくりとラベルを剝がしてみるのです。……どうでしょう？　なんだかとってもドキドキしませんか？

ただペットボトルのラベルを剝がしているだけだというのに、まるで**服を脱がせているかのような背徳感**を味わうことができるのです。

私はやることがなくなると、家の近くの自動販売機で乳酸菌飲料を買い、月に2回はこうしています。そんな人生、いかがですか？

好きな食べ物を組み合わせると、男子小学生の夢が叶う

時　間	：45分
分　類	：食べ物
感　想	：結局何を食べているかわからない
難易度	：★★☆☆☆

トンカツとカレーで「カツカレー」。ハンバーグとパンで「ハンバーガー」のように、美味しい食べ物同士を組み合わせると、**さらに美味しい料理が完成する**のがこの世界の法則。ならば、自分の好きな食べ物をすべて組み合わせれば、頬が落ちるどころか爆散する程の素敵料理が理論上は完成するはずです。

そこで作ってみたのが、**「ハンバーグ寿司カレーピザ」**。男子小学生の夢が実体化したようなこの料理を食べてみると、肉のジューシーさ、酢飯の爽やかな酸味、カレーの香辛料、ピザの食感がものの見事に大喧嘩しており、ただただ「貴様のコレステロール値を上げてやるぞ」という禍々《まがまが》しい食材の声だけが聞こえてくる結果となりました。

次は、「グラタントンカツパフェ」を作ってみる予定です。

おてふきのコーナー

手や口の汚れが拭ける便利なページだよ！

カニを極限まで食べやすくすると、リップクリームになる

その魅惑の美味しさと反比例するように、**圧倒的な食べにくさ**を誇る、**カニ。**「ウマいが食べにくい」という絶妙なアメとムチによって食べる人間から言葉を奪い、木の枝でアリ塚をほじくるチンパンジーのような姿に我々を退化させる恐ろしい食材です。

しかし、時は21世紀。そのようなアナログな方法でなくとも、もっと現代に即した食べ方があるとは思いませんか？　我々の未来のためにも、退屈な時間を利用して**カニをもっと食べやすくする方法**を考えてみましょう。

＜カプセルに入れる＞

摂取しやすさに特化したものといえば、やはりカプセルでしょう。薬局などで販売している空のカプセルにカニの身を詰め込めば、食べやすさは格段に向上します。水で一気に流し込めば、従来の何倍もの速さでカニを摂取できるでしょう。なお、その際に味は一切しません。

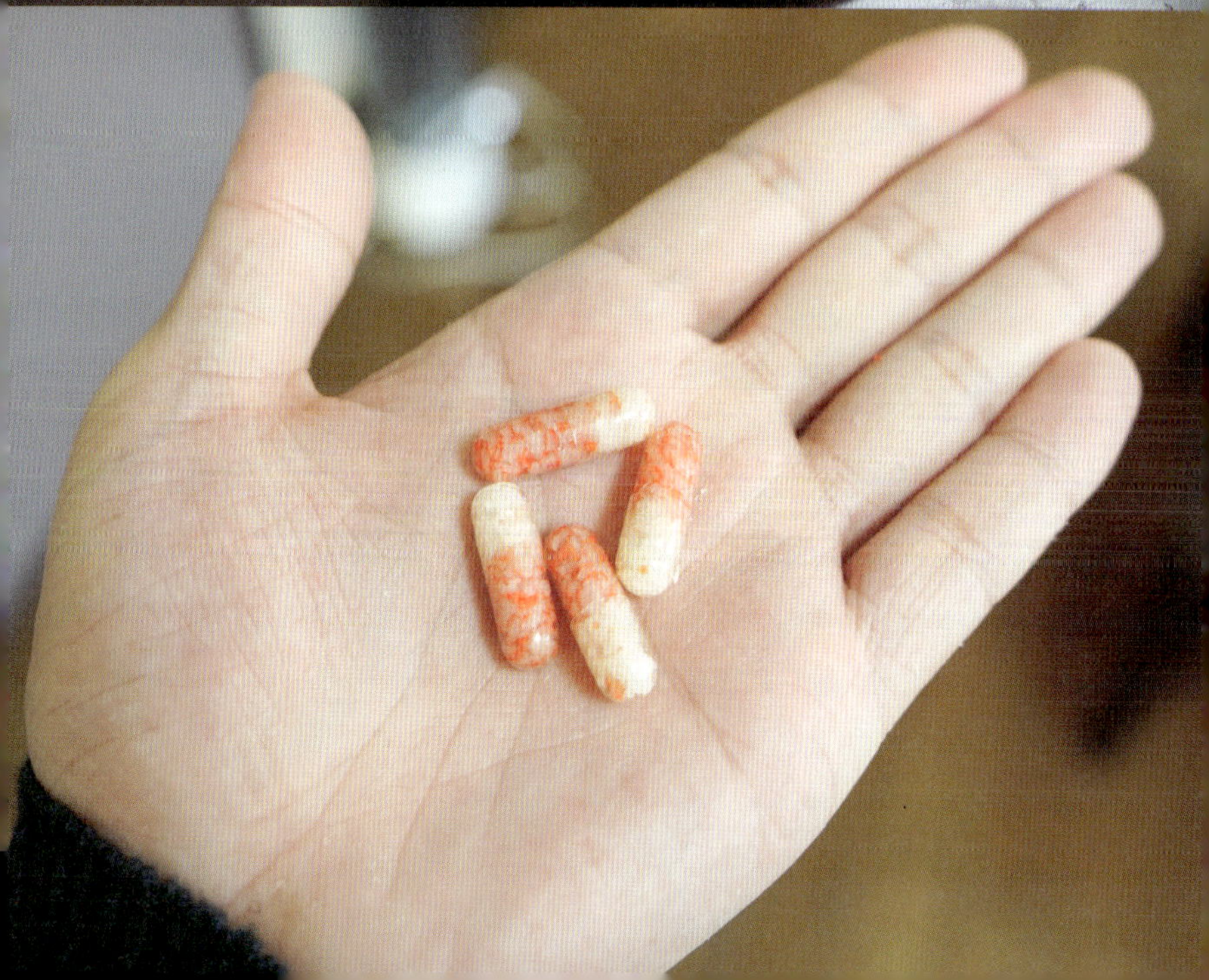

HIMA. 48

そしてついに、カニを食べる最適な方法が判明

〈パウチする〉

寝坊をして時間がない日や、通勤通学中にもカニを食べたいものですよね。ならば、細かくほぐしたカニをパウチして、**10秒でチャージ**できるような状態にして持ち歩くのはいかがでしょうか。

味の情報量が多いカニが凄まじい速さで喉を駆け抜けるため、一瞬で脳がパンクしそうになるのでオススメです。

時　間	：3時間
分　類	：お役立ち
作　者	：カニアレルギー
難易度	：★★★★☆

〈リップクリームにする〉

結果から言います。これが一番便利でした。カニのほぐし身にゼラチンを混ぜ、市販されているリップクリームの容器に流し込んだ**〝カニップクリーム〟**です。仕事中や移動中など、シチュエーションを問わずサッと唇にカニを塗ることができます。

塗るだけなのでカニの消費も少なく、軽く見積もっても3ヶ月は楽しむことができるうえ、3ヶ月目には腐ったカニで思う存分腹を壊せるのでダイエット効果もあります。

普段は手の届かないカニを生活の一部にすることができるこの方法。暇なうえにカニが食べたいという貴族みたいな生活をしている人はぜひ。

大量のキーホルダーを鍵に付けると、失くさない

時　間	：10分
分　類	：お役立ち
重　さ	：1.0kg
難易度	：★☆☆☆☆

『紛失しやすいものランキング』にて、「リモコン」や「耳かき」などを抑え、堂々の一位に君臨する**「鍵」**。外出する時に限って姿を消す性質を持つため、探しているうちに外出そのものが面倒になり、結局ふて寝……。やる気になった私たちを再び退屈な日常に引き戻す悪魔の金属片です。

　さて、そんな紛失しやすいものは、その大半が**〝持ち運びしやすいもの〟**だとは思いませんか？　手にしていることすら感じさせない高い携帯性が、存在も意識の外へ追いやってしまっているのだと私は踏んでいます。

　そこで、**大量のキーホルダー**を付けてみたところ、予想通り鍵はまったく紛失しなくなりましたが、重すぎて持ち運ぶのが面倒になり、できるだけ外出を控えるようになりましたよね。寝ます。

部屋の照明を強力にすると、神々しい光に包まれる

時　間	：10分が限界
分　類	：暮らし
苦　情	：大家が訪ねてきた
難易度	：★★☆☆☆

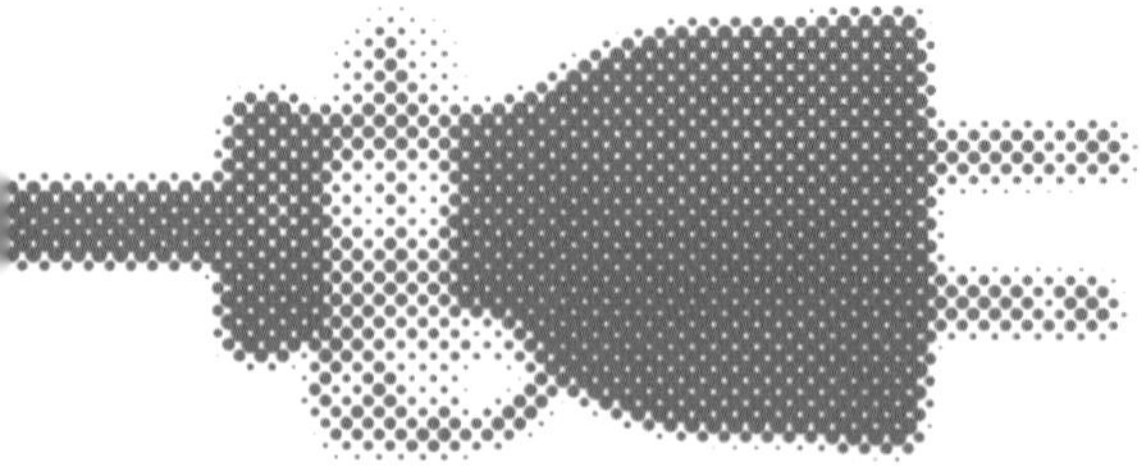

何の予定もなく、家でじっとしていると暗い気分になりがちですが、そんな時は思い切って部屋の照明を**限界まで明るいもの**に交換してみてはいかがでしょうか。中でもオススメは「**LED投光器**」で、こちらは野球場のナイター照明と同じレベルの強力な光を放つ業務用の超強力ライトです。

投光器の電源を入れると、一瞬で目の前が真っ白になり、周りを見回しても白い世界が広がっているばかりなので、最初こそ「あれ？　死んだ？」と思うかもしれませんが、目が慣れてくると見慣れた部屋が神々しい光に包まれていることがわかり、**身も心も浄化**されたような気分になることができるでしょう。ただ、電気代は終わります。

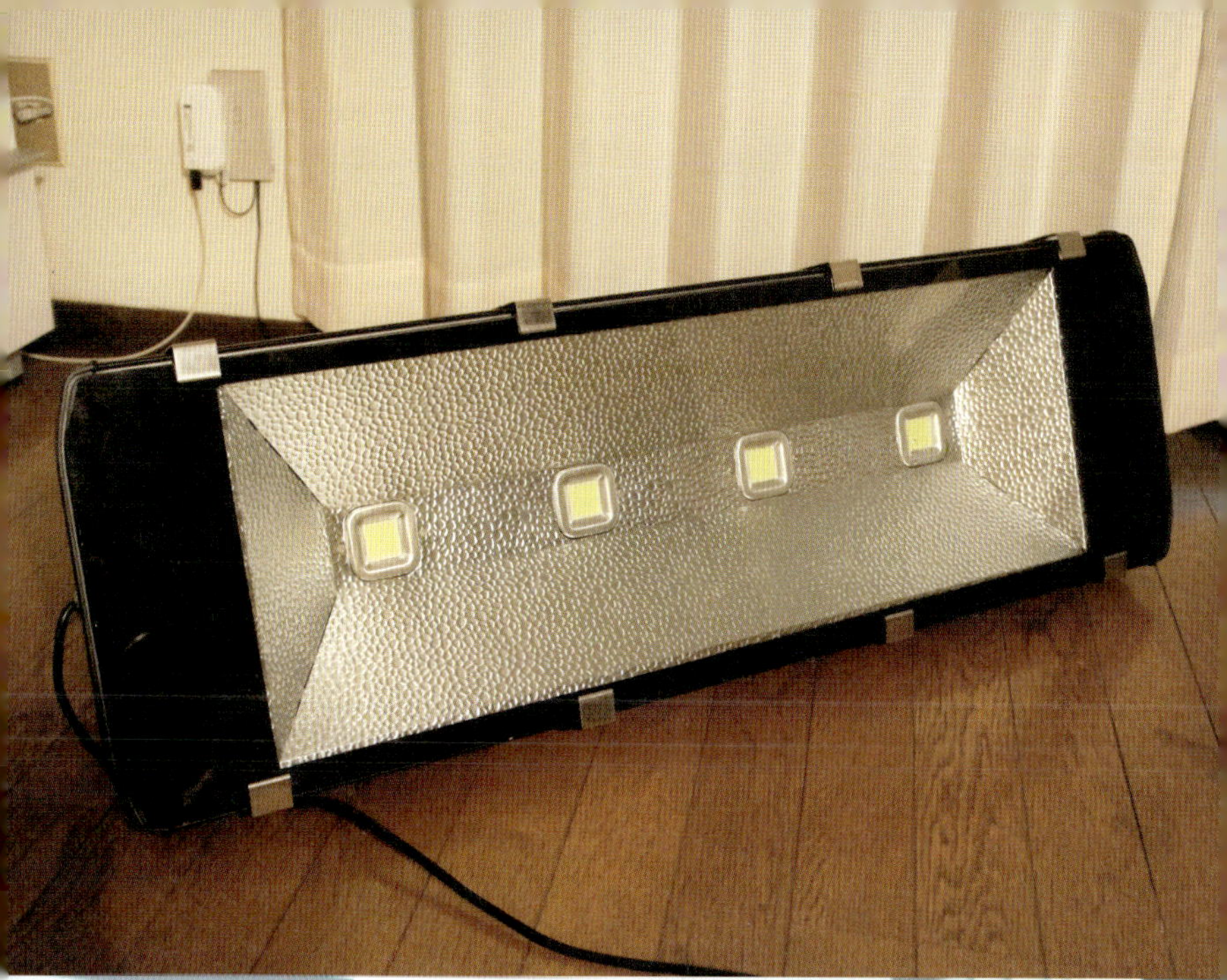

HIMA. 50

外から部屋を見た様子

HIMA. 51

水中生活をすると、生きることが楽しくなる

時　間	：１～３分
分　類	：お役立ち
季　節	：秋～冬がオススメ
難易度	：★★☆☆☆

例えば、電車の中で酷い腹痛に襲われた時。はたまた風邪をひいて布団の中で震えている時。私たちは過酷な状況下に置かれることで、今まで何気なく過ごしていた日常が、**どれだけ素晴らしいものだったのか**再認識することができます。逆を言えば、自ら過酷な状況に飛び込みさえすれば、**退屈な日常すらも幸福なものに思えるようになる**ということです。

そこで提案したいのが**水中生活**。冷たく、音も空気もない水の中に長時間潜水し、体力の限界ギリギリで陸に上がれば、「酸素、嬉しい。太陽、暖かい。風、気持ちいい」と、根源的な生の喜びを噛みしめることができるはずです。まずは手頃な池を見つけることから始めてみては？

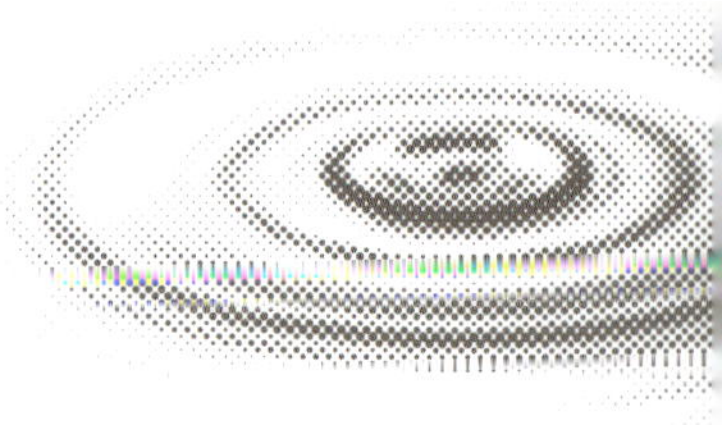

股間を装飾すると、明日も頑張ろうって気持ちになれる

時　間	：1時間
分　類	：工作
頻　度	：年2回（夏至と冬至に）
難易度	：★★★☆☆

人間の身体には様々な部位がありますが、その中でも私たちが最もお世話になっている場所が**股間**です。どのようにお世話になっているのかはあえて説明を省きますが、本当にお世話さまですよね。お中元とか送りたい。

さて、そんな素晴らしい股間ですが、残念なことに世間の目は厳しく、私たちは基本的に**股間を隠しながら生活**をしているのが現状です。あれだけ右に左に大活躍している股間に対してこの仕打ちは、あまりにかわいそうですよね。

ならばせめて、暇でやることがない時くらいは、日々の感謝を込めて**股間を装飾**してはいかがでしょうか。キラキラと目いっぱいおめかしした股間に、「いつも、あんがとな？」と照れくさそうに礼を言ってあげれば、自然と**明日も頑張ろう**という活力があふれてくるというものです。私は空気を送り込むと変形するように股間を改造しましたが、股間を装飾する技術を競うロボコンみたいな大会がどこかで開催されればいいなと思いました。あなたはどう思いますか？

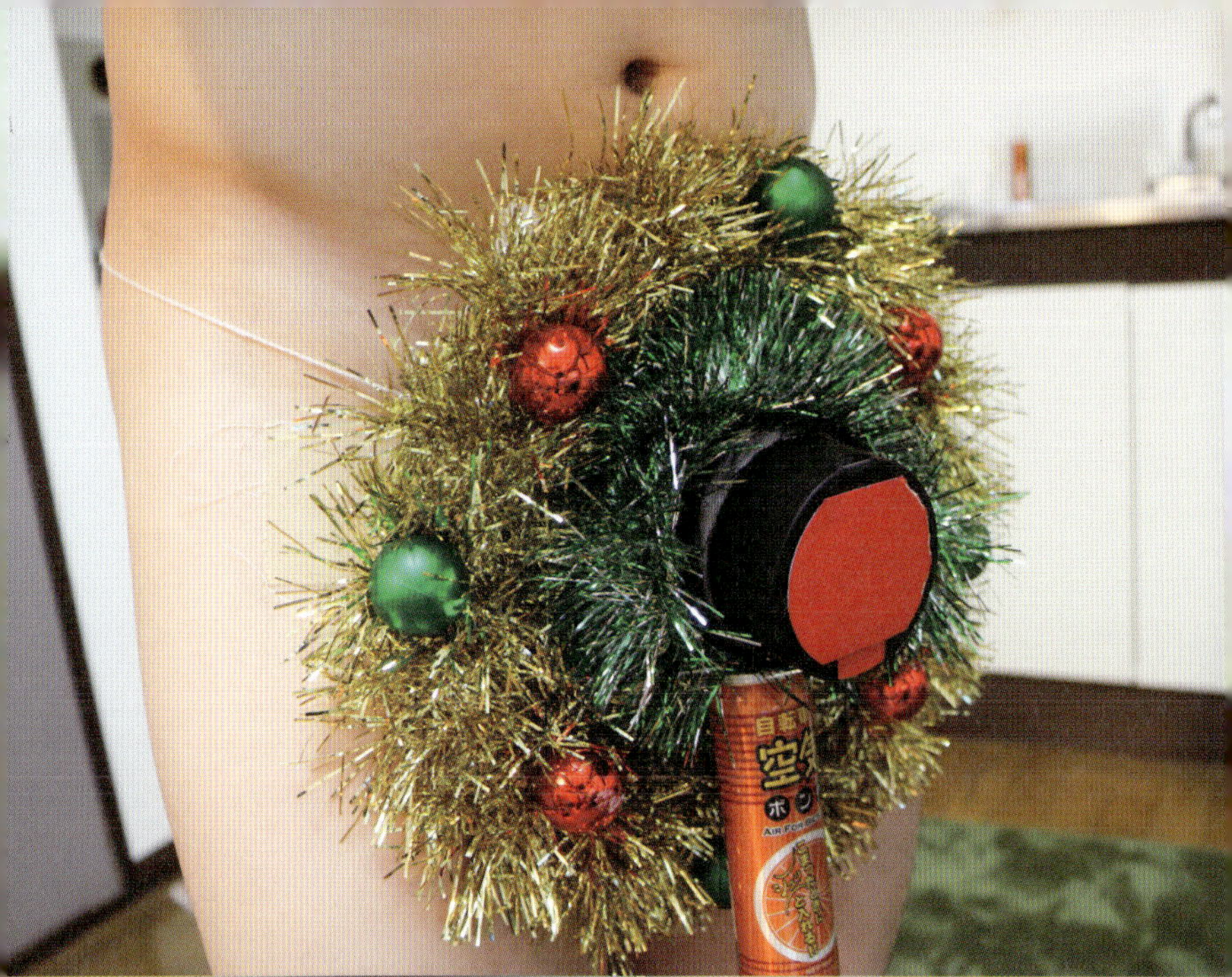

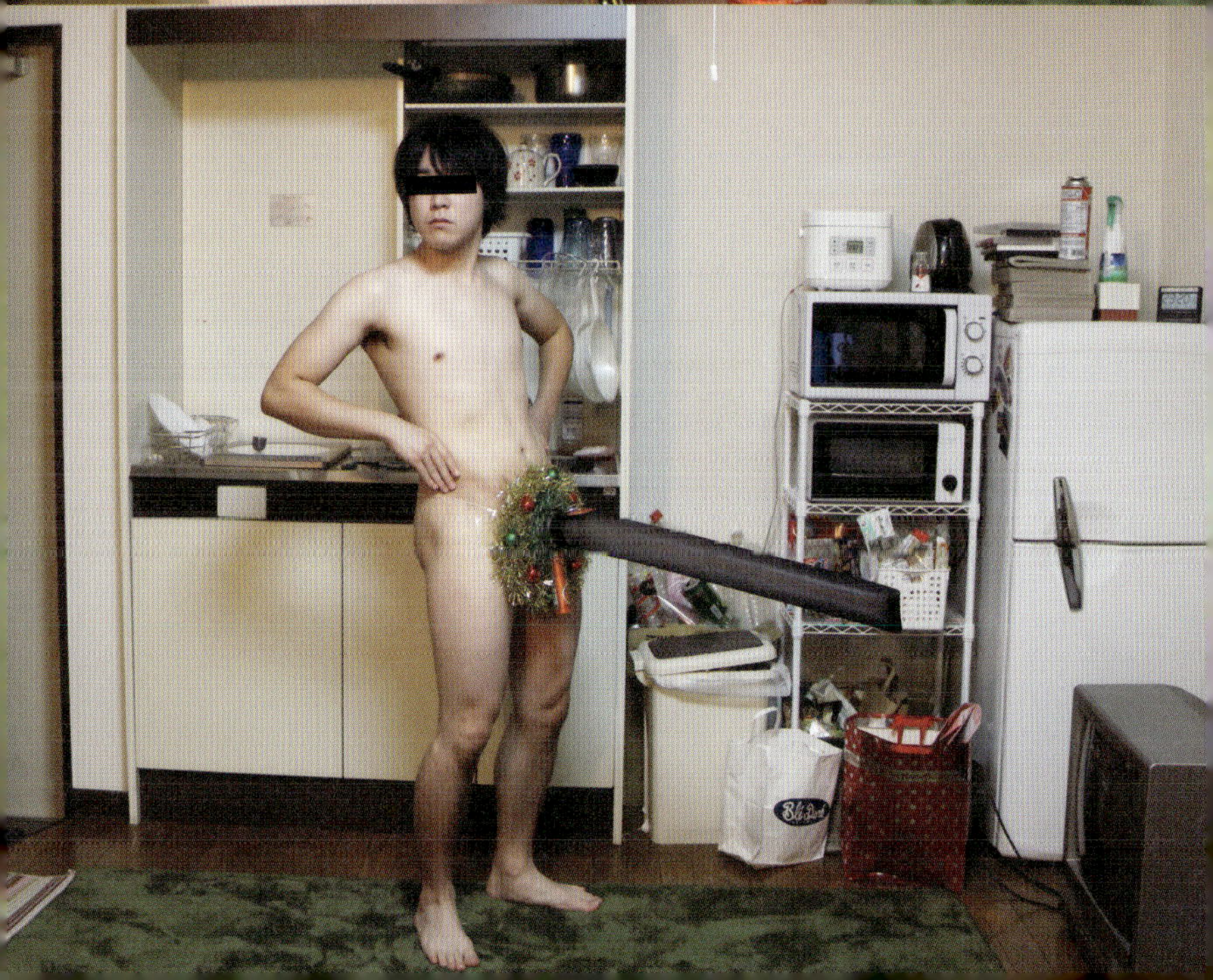

温泉の聖地「別府」に行って、あえて入浴剤入りの風呂に入る旅

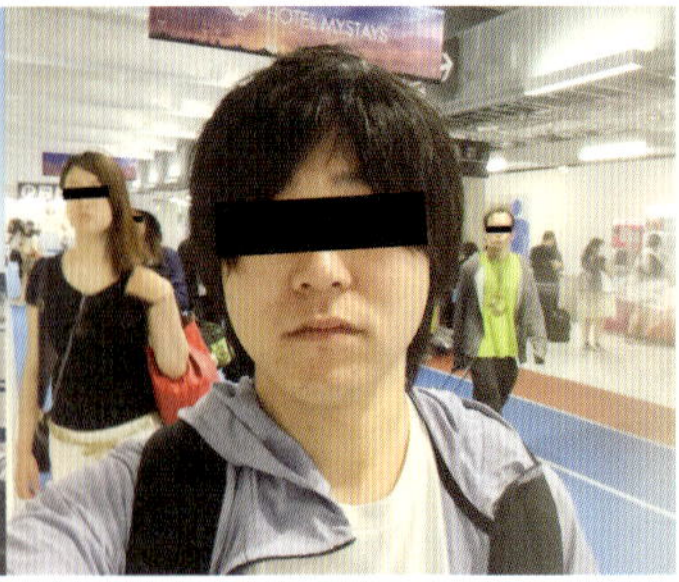

言わずと知れた温泉都市「別府」。

湧き出る温泉に癒やしを求め、絶えず観光客が押しかける人気の土地だ。そんな別府の温泉に入ることはもちろん贅沢なことだが、わざわざ別府に行ったのにもかかわらず、あえて**入浴剤を入れた普通の風呂に入ってしまう**ほうが贅沢なのではないだろうか？　それはもう、高級ステーキ食べ放題の店でウインナーしか食べない奴くらい贅沢な行為なのではないだろうか？　だとしたらその時の感情はどんなものなのだろう。

実際に別府に行って、検証してみたいと思う。

そんなこんなで早朝7時。成田空港にやってきた。今回は飛行機に乗り、成田から１０００キロ以上離れた大分航空へと向かい、バスを乗り継いで別府へと向かう。飛行機のチケットは往復で１５０００円ほどしたが、今から極上の贅沢が待っているのであれば安いものだ。興奮しすぎてせんべいを3袋も買ってしまったのが恥ずかしい。

さて、成田空港を飛び立った私は、約2時間の空の旅を経て大分空港へと降り立った。機内ではひたすらせんべいを食べていたため、口の中がズタズタになったが、それも大分の湯が癒やしてくれるだろう。

大分空港からバスに乗り、目的地の別府に到着すると、そこはまさに温泉都市だった。町中からホクホクと湯気が湧き出ている。さらには、いたるところに「温泉」の文字があり、長旅で疲弊した私をこれでもかと誘惑する。

しかし、私が目指すのは温泉ではない。私は別府の名湯に背を向けると、自分の頬をピシャリと叩き、さっそく本日の宿、「ホテルニューツルタ」へと向かった。

さあ、チェックインをし、急いで部屋にある洗面所へと向かおう。

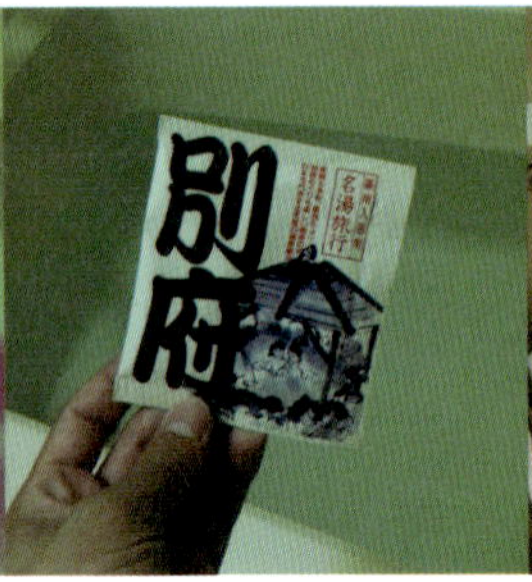

このユニットバスこそ今回の最終目的地。ここに入浴するために、私は飛行機に乗って遥々やってきたのだ。奇しくも、ここは私が住んでいるアパートのユニットバスと同じ作りになっていた。別府ならではの温泉を無視し、自宅と同じユニットバスに入浴するという背徳感で身震いが止まらない。

さて、ユニットバスに水道水を溜め、いよいよ入浴剤を入れる。入れるのはもちろん「別府」と表記された入浴剤。本場の水道水に、本場の入浴剤を入れる……。こうなってくると、もはや本物よりも本物な気がしてならない。

さあ、いよいよ贅沢を極めた風呂に入ってみよう。

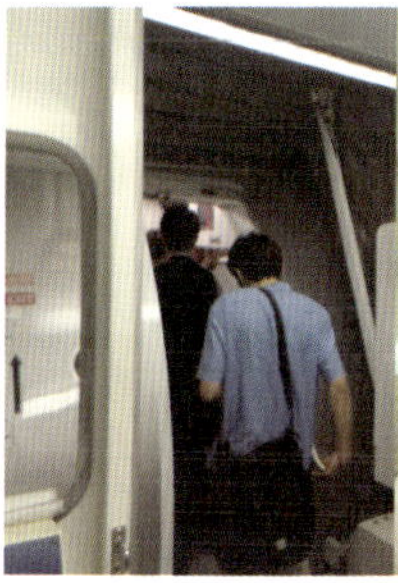 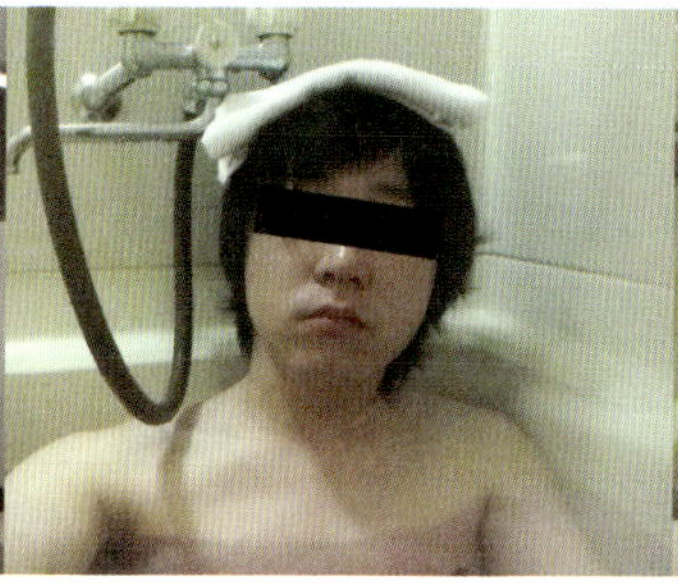 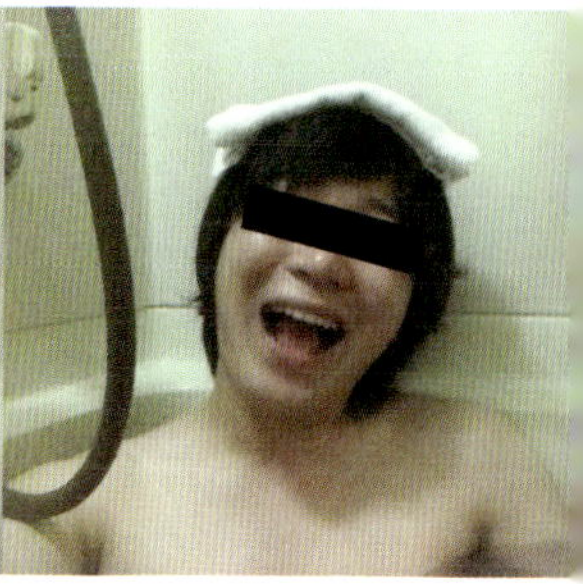

あ〜〜すごい癒やされる〜〜〜。なんか東京のお湯とは違う気がする〜〜。まさに別府の天然温泉そのもの〜〜〜。水道からも源泉かけ流しなの〜〜？　こりゃたまら〜〜ん。たまらんの助〜〜。拙者の名はたまらんの助なり〜〜〜。

などということは、一切なかった。何故ならお湯は紫色だし、天然温泉らしからぬラベンダーっぽい匂いがするし、景色は自宅と一緒だからだ。

別府温泉の気持ちよさを知ったうえでこれをするならまだしも、初っ端にこれでは比較対象がないため、ただのユニットバスでしかない。私は別府に何をしに来たのだろう。

そして、私の旅は薄暗いユニットバスの思い出のみを残して終了した。

「今度は温泉に入ろう」

帰りの飛行機の中でそう誓った私は、土産として貰った大分名物「とり天せんべい」にかじりつく。

口の中がズタズタだ。

ベビースターラーメンの袋に針金を入れると、メタルベビースターになる

時　間	：１～２ヶ月後
分　類	：食べ物
来客時	：注意が必要
難易度	：★★☆☆☆

「麦茶だと思って飲んだら麺つゆだった」「力を入れて持ち上げたヤカンが空で思いのほか持ち上がった」など、人は予想外のことが起こると通常よりも大きなショックや驚きを受けがちです。しかし、この現象を逆に利用して、**計画的に予想外**のことを起こせば、私たちの日常はもっと刺激的なものになるでしょう。

例えば、ベビースターラーメンの中身を針金とすり替えれば、見た目はそのままでも危険度が跳ね上がった「**メタルベビースター**」が完成します。これを一旦放置しておけば、忘れた頃に**未来の自分**が何気なく口に頬張り悶絶することでしょう。時を超えたトラップを張り、未来の暇をつぶすのです。

口の中をズタズタにしたい人は試してみてください。

未確認飛行物体になる

緑色のパネルをくり抜けば、身体のあらゆる部分を抽出できる

時　間	：30分
分　類	：無駄
撮　影	：勤めている会社
難易度	：★★★☆☆

映像や画像を合成する際に使われる「グリーンバック」。

被写体を異なる色で囲むことにより、その部分に背景を合成したり、切り抜きやすくしたりするのが主な用途なのですが、グリーンバックは緑色のパネルでも代用できるため、パネルを切り抜けば簡単に**身体の一部のみを抽出**することが可能です。

何かを考えている人の横でこっそり尻だけを抽出すれば、まるでその人が熱心に尻を想像しているような写真を撮ることができますし、空中に尻が浮遊しているような神秘的な写真や映像を撮影することもできるでしょう。これをすることにより得られるメリットは何一つありませんが、撮影後には自分の今後の人生についてよく考えることができるのでオススメです。

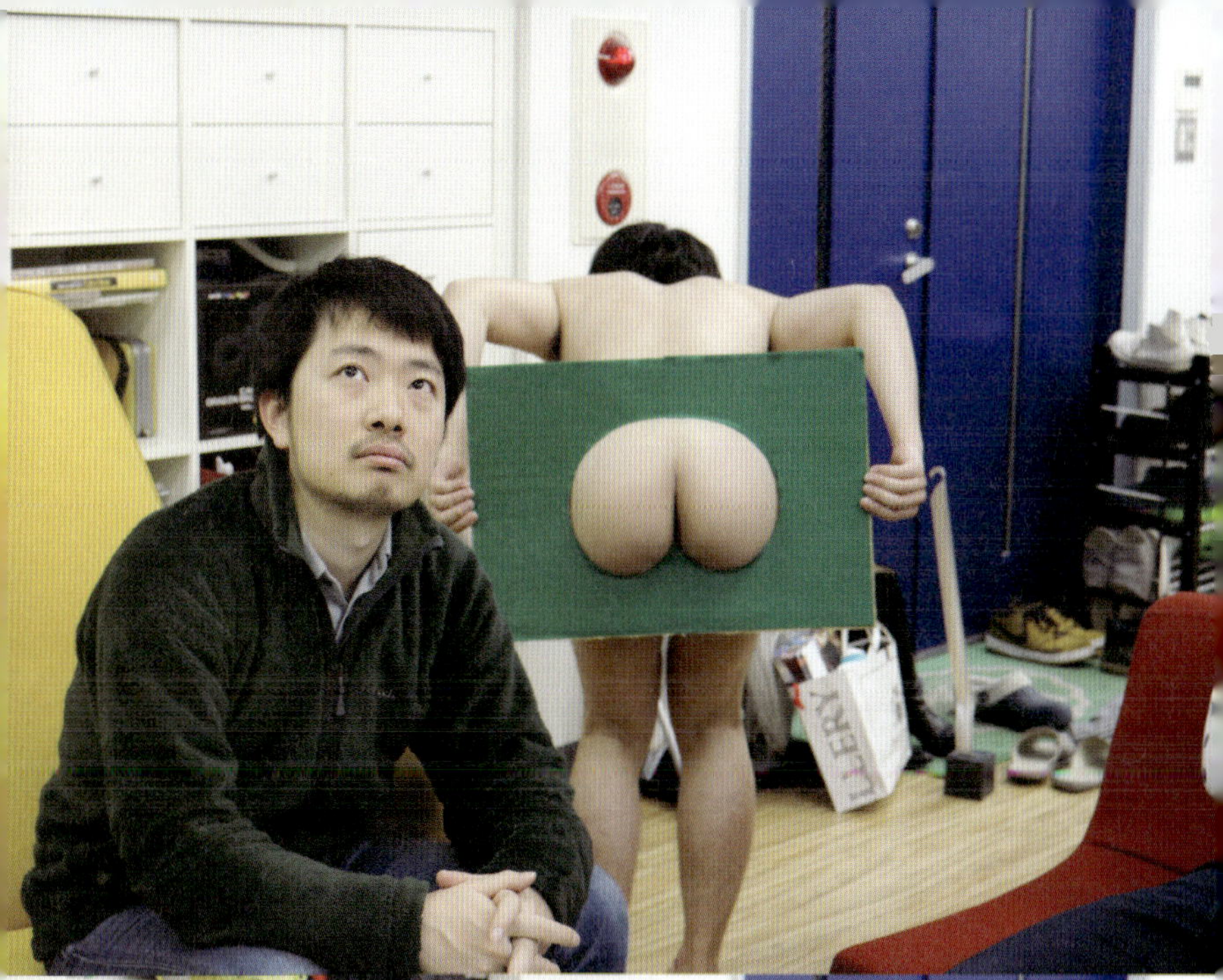
LLERY

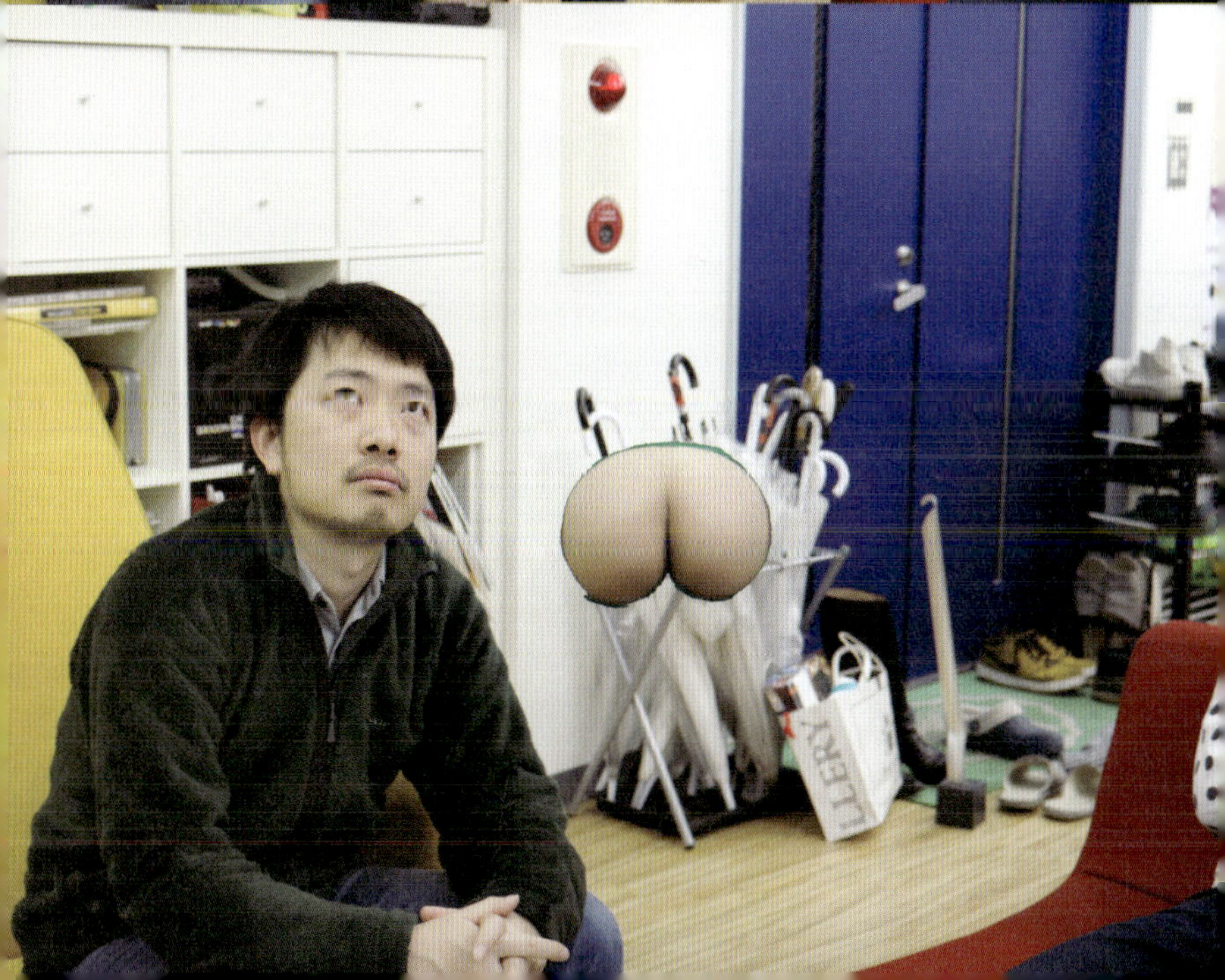
LLERY

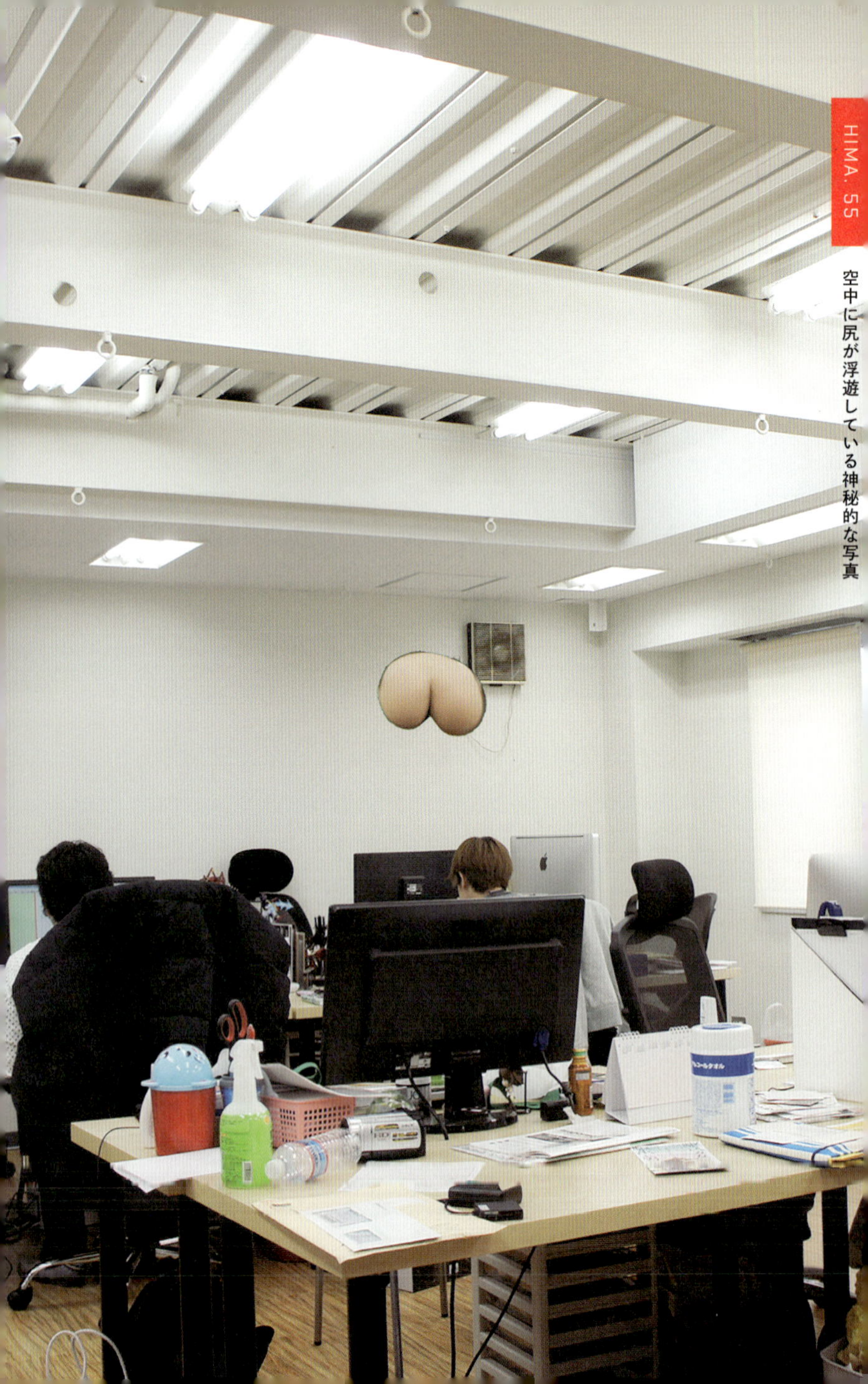

空中に尻が浮遊している神秘的な写真

カレーを24時間かけて食べれば、『二日目の味』への境目がわかる

時　間	：24時間
分　類	：食べ物
限　界	：10時間目以降から
難易度	：★★★★☆

「カレーは二日目がウマい」という言葉にあるように、一晩置いたカレーは作りたてよりも確実に美味しくなっているものですが、**カレーが美味しくなる瞬間**……いわゆる〝味の日付変更線〟は、カレーを作ってから何時間後に存在するものなのでしょうか？　もし、今のあなたに丸一日分の空き時間があるのならば、カレーを24時間食べ続けて、**二日目の味になる瞬間**を探してみるといいかもしれません。

カレーを大量に作り、24個のタッパーに分けて常温で保存。1時間ごとにタッパー1つ分のカレーを温めて食べれば、何時間目にカレーの味が変化するのかが判明するでしょう。その答えはあなたの舌で確かめてください。私はもう二度とやらないし、私の前でカレーの話はしないでください。

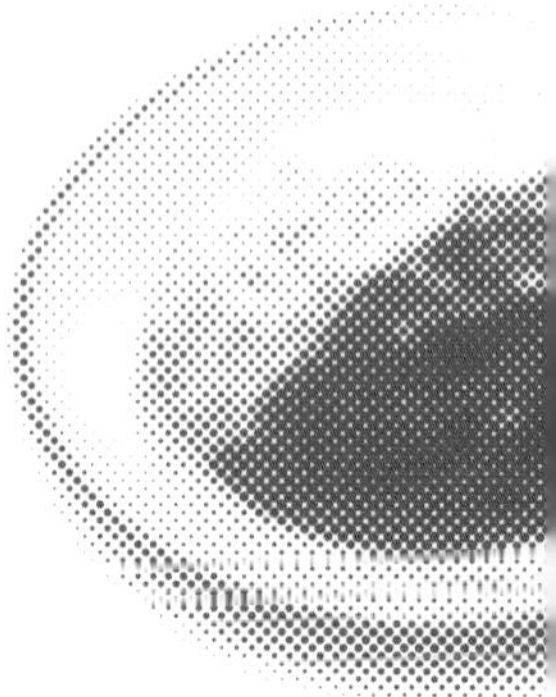

12:16:29

22:11:15

万華鏡でインド人を見ると、厄介な術をかけられている気分になれる

時　間	：	10分
分　類	：	新感覚
中毒性	：	非常に高い
難易度	：	★★☆☆☆

人には**何もかもがどうでもよくなる瞬間**があり、そんな時は決まって自暴自棄な気持ちになってしまうもの。その結果、自ら**危険**に飛び込んでしまう人もいますが、そんな一時の感情で身を滅ぼすのはもったいないことです。そんな時には、**適度に危険な状況**を人工的に作り出し、危険欲を安全に満たしてみてはいかがでしょうか？

例えば、万華鏡でインド人を見ると、お手軽に**厄介な幻術**にかかったような感覚に陥ることができます。白いヒゲをたくわえたインドのご老人には妖しいオーラが漂っていますし、何らかの術にも精通していそうなもの。そんな老人が無数に分身して幾何学模様を作り出せば、もはやそれは幻術です。一通り満足したら現実に戻ってきてください。

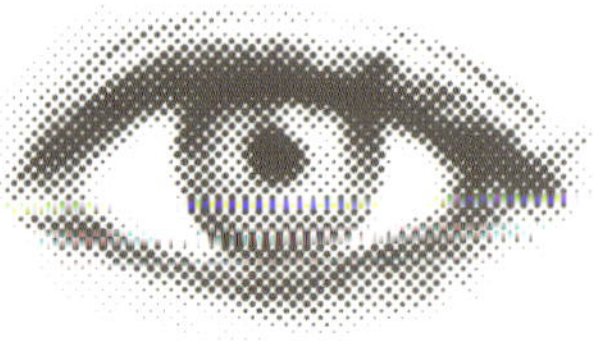

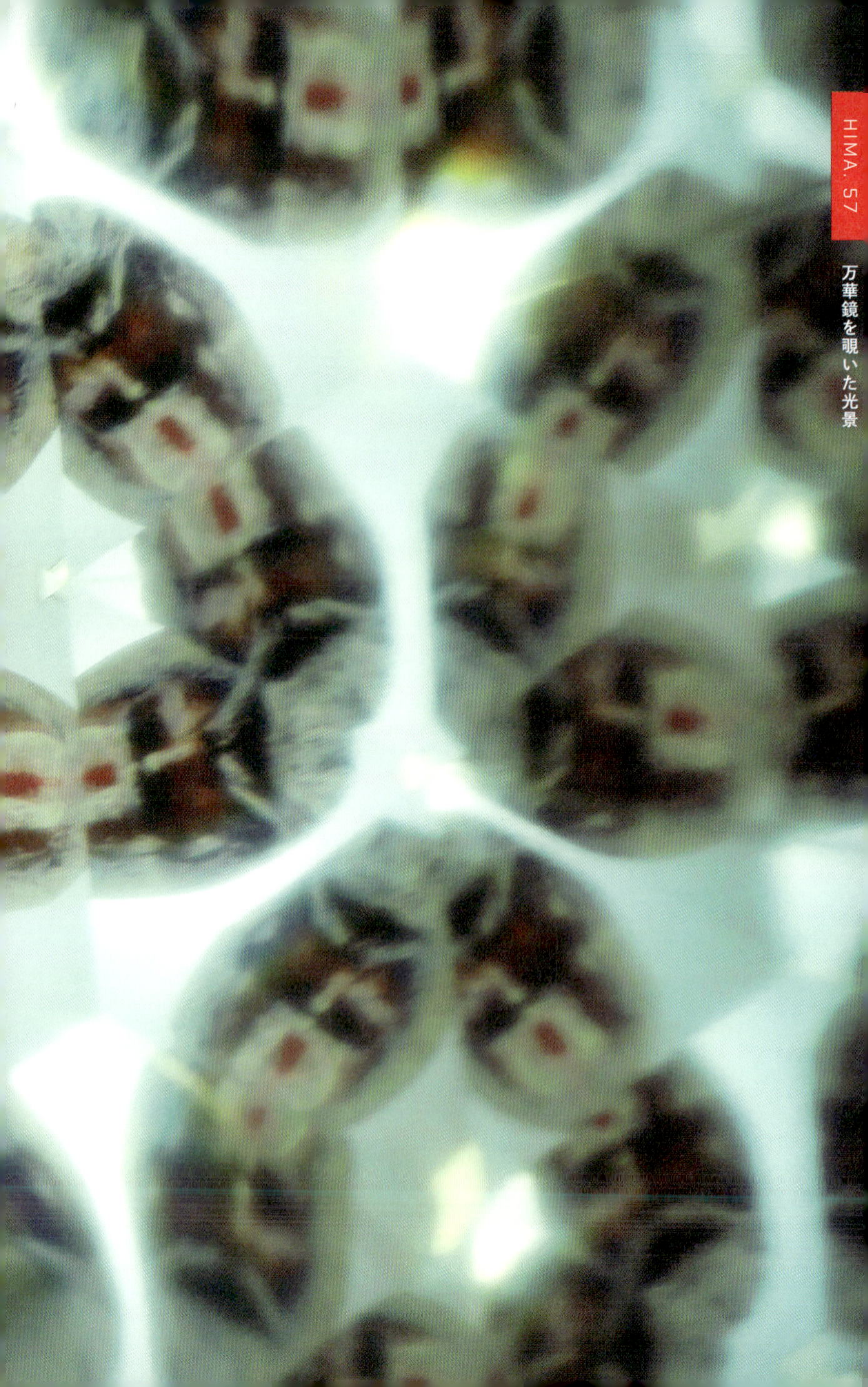

HIMA. 57

万華鏡を覗いた光景

便座に大量の画鋲を貼り付けると、緊張感がすごい

時　間　：30分
分　類　：暮らし
感　覚　：ハンコ注射
難易度　：★★★★☆

誰もが落ち着くサンクチュアリこと、**トイレ**。

下半身を露出して放尿に次ぐ放尿、からの排便のワンツーを便器にかませば、せわしない日常から離れることができるため、ホッと一息つくことができます。

しかし、それでいいのでしょうか？　ただでさえ時間を持て余している我々が、のうのうと局部丸出しのまま落ち着いていて良いのでしょうか？　答えはノーです。

本当に退屈しない日々を送りたいのであれば、心休まる場所こそ**刺激的な場所**にするべきでしょう。そこで便座に**大量の画鋲《がびょう》**を貼り付けてみたところ、憩いの場所は一転して**デスマッチ会場**に様変わり。座るかどうかだけで10分悩み、座って絶叫し、若干クセになりました。

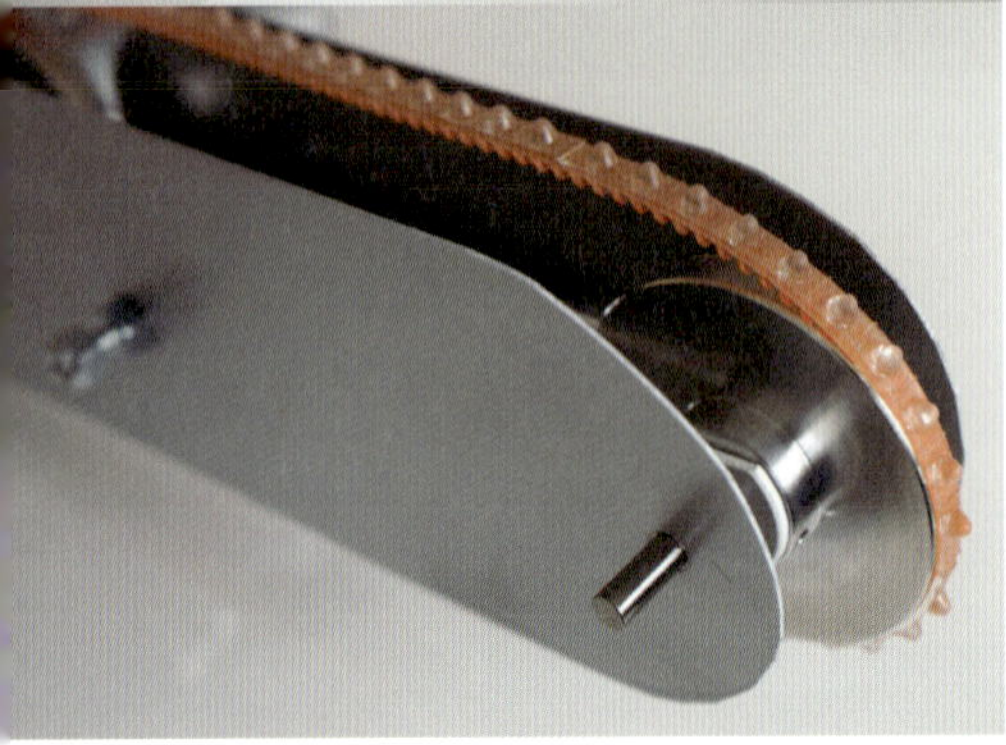

HIMA. 59

チェーンソーを優しく改造すると、老人が喜ぶ

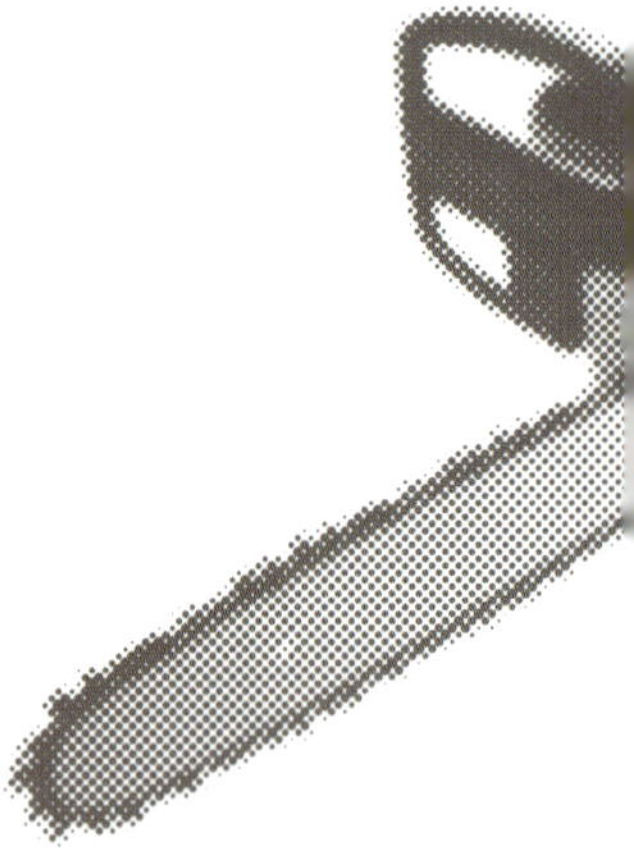

他人に良いことをすると、ゆくゆくは自分に返ってくるもの。例を挙げるなら、おばあちゃんに肩叩きをすると、高確率でお小遣いがもらえるようなものです。もし、今のあなたにまとまった時間があるのなら、人を喜ばせる方法をあれこれ考えてみてはいかがでしょうか。例えば、あらゆるモノを切り刻み、大木をも切り倒す**チェーンソー**。そんな危険なチェー

時　間	：6時間
分　類	：癒やし
見た目	：えげつない
難易度	：★★★★★

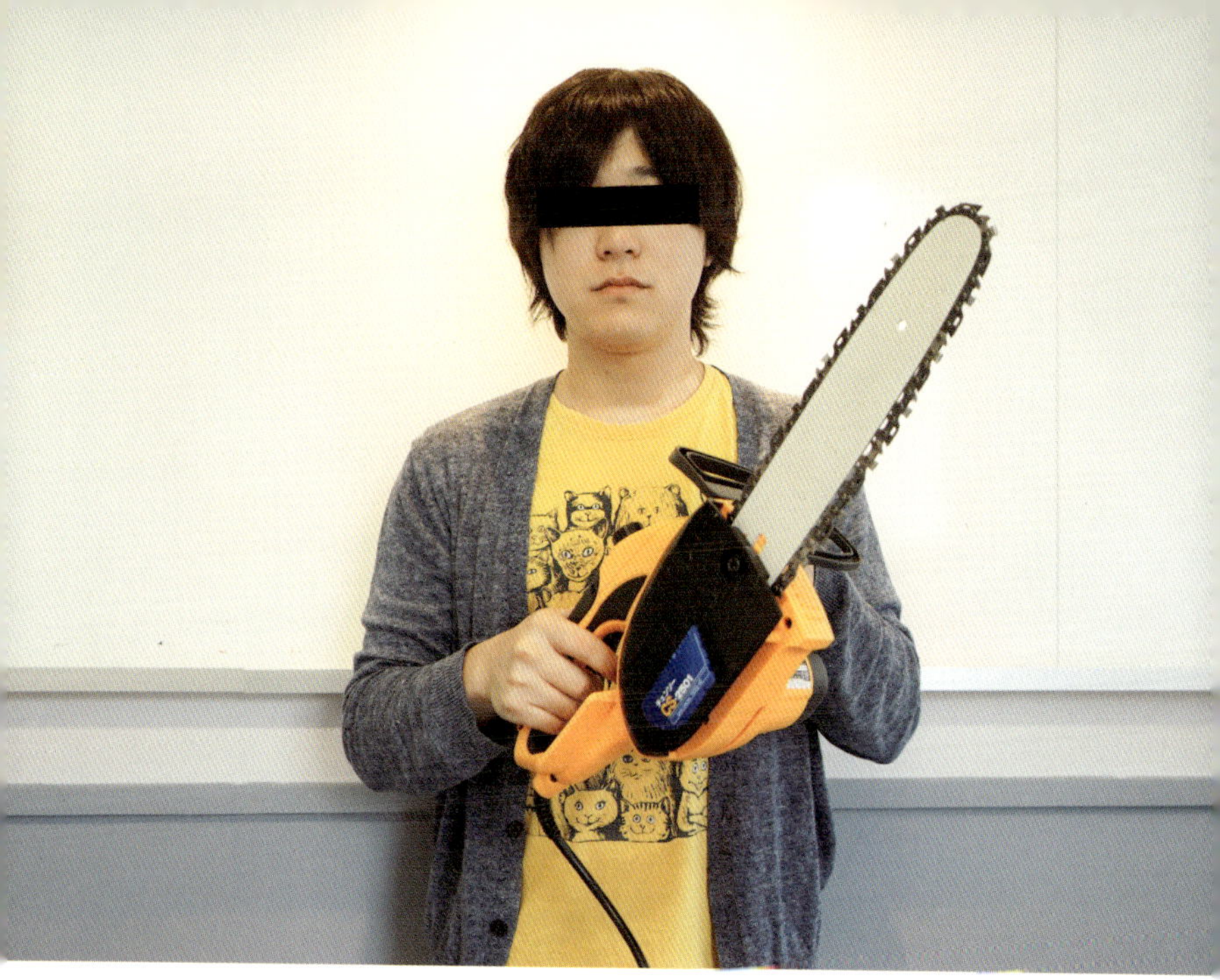

ンソーでも工夫次第では人を喜ばせることができるのです。

まずは、その鋭い金属製の刃を取り除きます。代わりにゴム製の突起物を貼り付けましょう。次に高速回転するモーターも取り外し、代わりに回転速度を落としたモーターを取り付けます。こうすることにより、「全てを切り刻む恐怖のバーサーカー」ことチェーンソーが、「**ちょうど良い刺激でコリをほぐすマッサージャー**」に変身。まるで喧嘩に明け暮れていた不良が、母の愛に触れて更生するかのごとく華麗な転身を遂げるのです。

それでは、早速このチェーンソーで人々を癒やしてみましょう。

HIMA. 59

チェーンソーでおばあさんを癒やす

そんなわけで都内の古民家にやってきました。今回このチェーンソーの餌食《えじき》になってくれるのは、福場さん（72）。ひどい肩コリに悩んでいるとのことなので、このチェーンソーで極楽に送ってやりましょう。ちなみに福場さんには事前に「チェーンソーですけど大丈夫ですか？」と聞いてあり、それに対して「よくわからないけど大丈夫です」という力強すぎる返事をもらっているので、これで法的にも心置きなくチェーンソーを振るうことができます。

そして電源を入れられ、凄まじい唸り声を上げるチェーンソー。古民家に不釣り合いな轟音《ごうおん》を響かせつつ、福場さんの

首筋に思い切りチェーンソーを振り下ろすと、「**ガガガガッ**」という工事現場のような振動が手に響きました。しかし、そんな私に対して福場さんは「**もう少し右**」と的確な指示を出しながら、気持ちよさそうな顔で朗らかに笑っているではありませんか。

チェーンソーを首にあてがう男と、それを笑顔で受け入れるおばあさん。第三者に見られれば通報待ったなしの状況でしたが、福場さんは確かに満足してくれたようです。あなたも時間がある時には、老人にチェーンソーを振るってみてはいかがでしょうか。

作者の自転車の合カギを作ってみよう

これは最近私がお金を貯めて買った自転車！ とっても乗り心地がいいんだ♪ でも、「本当に良いモノ」ってみんなで共有するべきじゃないかな？ さっそく合カギを作ってみよう！

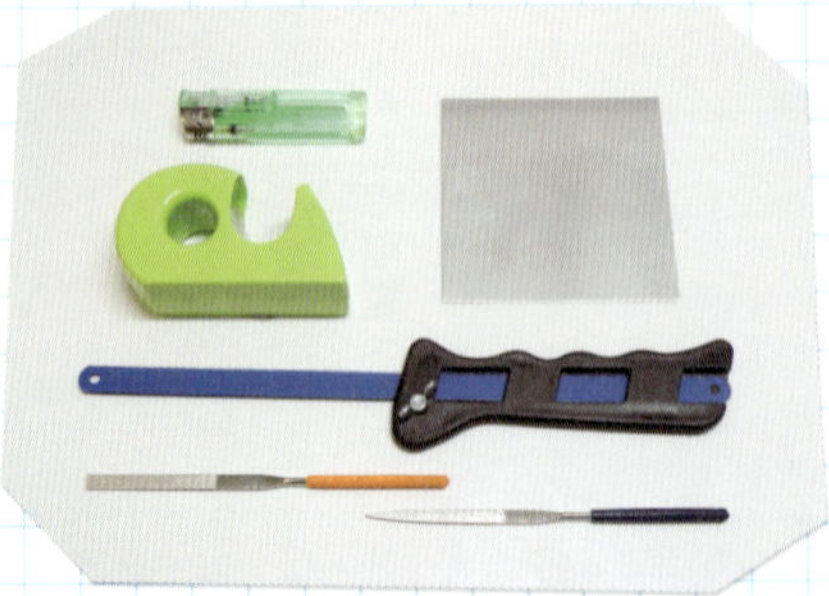

【用意するもの】

・ライター
・セロハンテープ
・鉄板（厚さ 2㎜）
・金切ノコギリ
・精密やすり（2 種）

これが元のカギだよ！→

1. カギの型を取ろう

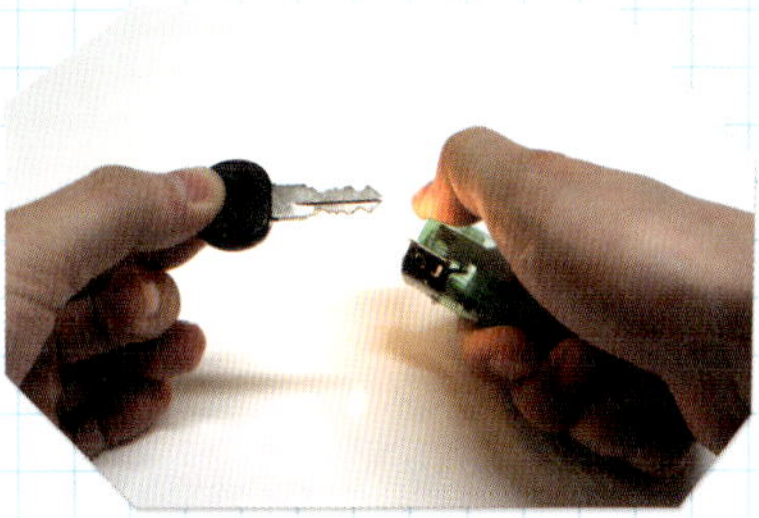

ライターの炎で鍵にススを付けて、セロハンテープにススを付ければ簡単に形をコピーできるよ。

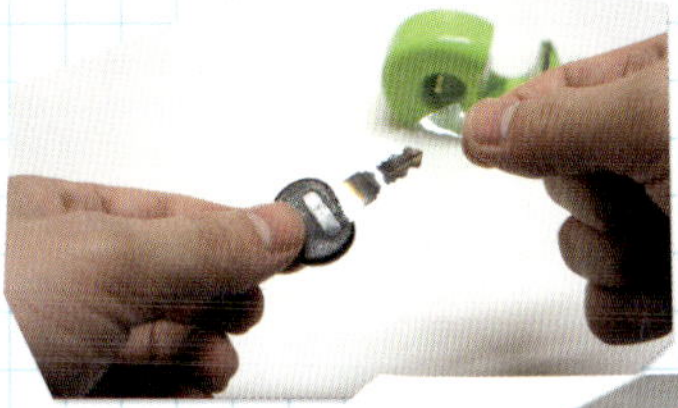

そしてこれが合カギの形。
みんなはこれを参考にしてね！

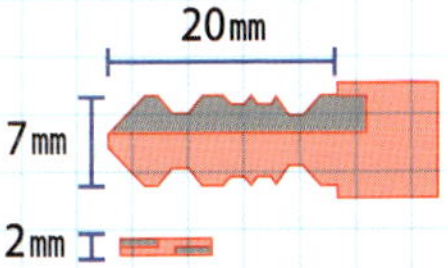

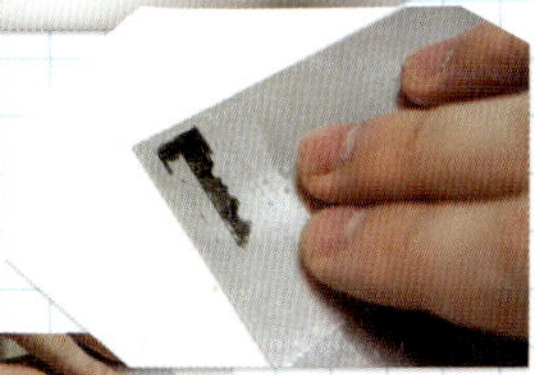

2. 型をおおまかに切り出そう

型を鉄板に貼り付けて、おおまかな形を金切ノコギリで切り出すよ。
（※ケガに注意）

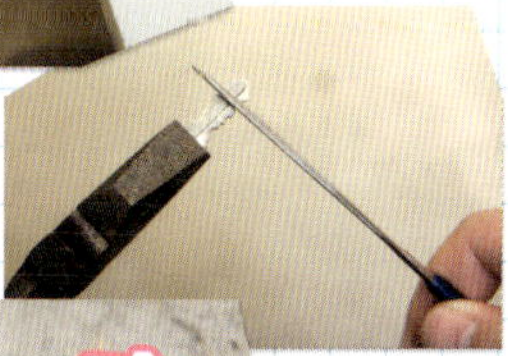

3. 削って形を整えよう

根気との戦いだね！

4. 完成〜♪

無事に開くかは、
実際に試してからのお楽しみ！
みんなも試してみてね♪

マッサージ師に胴上げしてもらうと、疲れが取れる

時　間	：20分
分　類	：お役立ち
その後	：腰がフニャフニャになった
難易度	：★★★★☆

大勢で集まり、腕だけで対象者を持ち上げる**胴上げ**。めでたいお祝いの象徴として、受験シーズンの風物詩にもなりつつあります。

さて、そんな胴上げを「人々を癒やす手」を持ちし**マッサージ師**にしてもらえば、全身の疲れが一気に取れるのではないでしょうか。そこで私は、実際に胴上げをしてもらうために猛勉強をし、カラーセラピストの資格を取得。そのお祝いとしてマッサージ師を呼んで彼等に胴上げしてもらったところ、指圧で鍛えられた指が見事に身体に食い込み激痛を伴いましたが、確かに全身のコリをほぐすことができました。

あなたも空き時間を活用して資格を取得し、マッサージ師に胴上げしてもらいましょう。

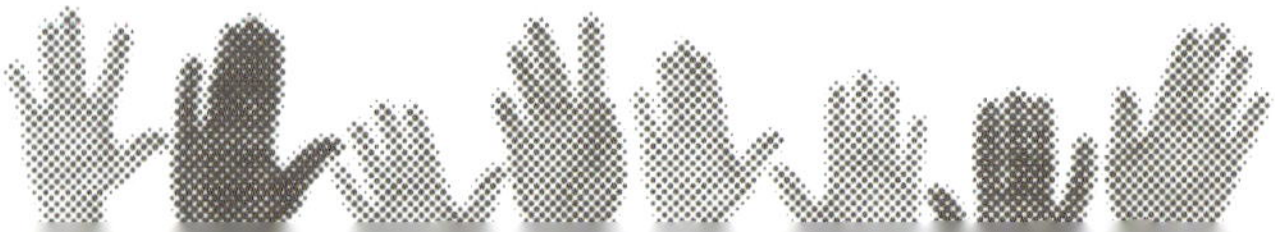

夢日記をつけると、自分の精神状態がわかる

時　間	：毎日
分　類	：暮らし
欠　点	：書くことで悪夢を思い出す
難易度	：★☆☆☆☆

「気持ちよくて毎日続けています！」「何故か疲れが取れるんですよね！」「一生続けます！」などと、通販番組さながら全人類にウケまくっている**『睡眠』**。あなたもきっと睡眠を経験したことがあるのでは？

　さて、どうせ毎日のように睡眠をとるのであれば、枕元にノートとペンを置き、**夢日記**をつけてみてはいかがでしょうか。夢の中は現実世界の常識が通用しないあなただけの世界。そこで起きたことをメモしていけば、自然とあなたの深層心理が浮き彫りになってくるはずです。夢は心の鏡。毎日記録して、自分の精神状態を知りましょう。

　私は、1ヶ月に2度の割合で気狂いピエロに殺される夢を見ます。

1/29

水中で目の見えない
状態で、痛みにたえる

2/2

シャンプーが全く泡立ず、
はずかしい

人を
司が

2/12

キリンを真二つにした

4/13

「焼肉って死んでるから美味しいね」
と、母に言われ、「死んでないし」と
言い返す夢

11月23日

ぞう

七つの海を股にかけると、ビッグな人間になれる

「**七つの海を股にかける**」という言葉があります。地球上にある広大な七つの海域を巡った様子を表しており、世界各地で活躍している人に対して使われる言葉です。そんなビッグな人間には誰もが憧れるものですが、世界を巡ることは容易ではありません。

……しかし、「七つの海を股にかける」という言葉を文字通りに捉えるのであれば、**七種類の海水を股間に振りかけてしまいさえすれば**、ビッグな人間を名乗っても良いのではないでしょうか？

そこで私は、実際に自宅の周りにある〝**湾**〟を巡り、七種類の海水を採取してみることに。自宅の周辺といっても距離はあるため、友人とともに車を飛ばし、朝から晩まで2日かけて様々な方法で七種類の海水を集めることに成功しました。あとはこれを股間にかけるだけです。

それでは、集めた海水を混ぜ合わせ、いよいよ七つの海を股にかけてみたいと思います。

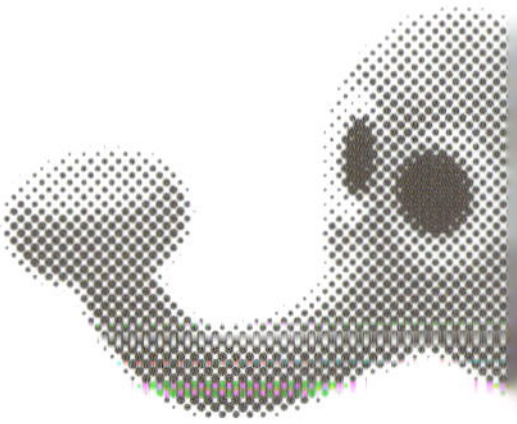

七種類の海水を一度に股間にかけるため、今回はジョウロを使用することにしました。また、フィナーレ感を出すために、ロケーションは最後の七つ目の海辺を選択。これで準備は万端です。

そして、いよいよジョウロ内で混ぜ合わせた七種類の海水をピチャピチャと股間にかけてみると、刹那、私の脳裏には海水を集める過程の過酷な道のりがフラッシュバックしました。楽しくもあり、苦しくもあった。それでも「**ビッグになる**」という夢のためにここまで頑張った。決して諦めなかった。大切な時間を使って夢を叶えた。やり遂げたんだ……そう胸に強く感じたのです。

そして、最後の一滴を股間にかけ終わった時、私はこう呟きました。

「結局、これは何なんだ？」

呟いたところで答えはありません。そこには股間を濡らした男と、その友人が所在なく佇《たたず》んでいるだけでした。

遠くで、カモメの鳴き声が聞こえます。

時間	：2日間
分類	：無駄
移動	：およそ100km
難易度	：★★★★★

Swimming

旅行先で仲良くなった人のTシャツを作ると、より思い出に残りやすい

時　間 ：1時間
分　類 ：暮らし
使い道 ：パジャマ
難易度 ：★★☆☆☆

「旅の恥はかき捨て」という言葉があるように、旅行先ではなにかと浮かれてしまうもの。国内旅行ならまだしも、海外旅行にでも行ったら、現地の人と仲良くなって一緒に写真を撮ることもあるかと思います。そんな時にはもう一歩踏み込んで、「**あなたのTシャツを作ってもいいですか?**」と聞いてみましょう。観光地の人たちは基本的に良い人なので、快くOKしてくれることがほとんどです。

そして、日本に帰国したあとに現地での出会いを思い返しながらTシャツを作れば、あなたの思い出はより鮮明に記憶に残るはずです。逆に、あなたが海外の人から「Tシャツにしても良い?」と聞かれた場合は、全力で断りましょう。何故なら、そんな意味不明なことを聞いてくる奴はろくでもない奴だからです。

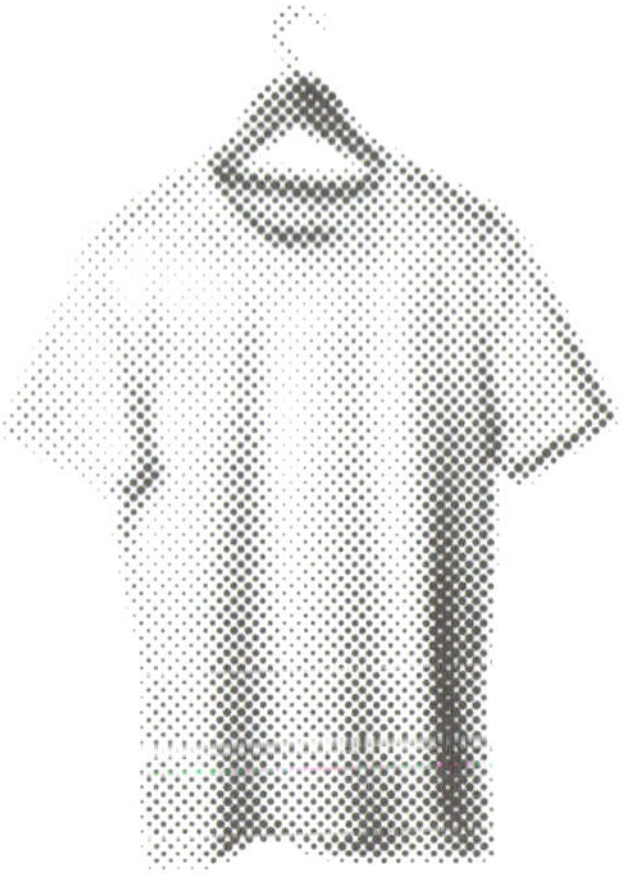

自分をペットにすると、寂しくない

時間：2日
分類：癒やし
散歩：1日2回
難易度：★★★★☆

「暇な時間を一緒に過ごせる**友達や恋人**が欲しいけど、なかなか見つからない」

そんな人恋しい思いを、あなたはしたことがありませんか？

今ではそんな人恋しさを紛らわすために、電池を入れれば**キャンキャン鳴いたり動いたりする犬のペットロボ**がありますが、人恋しさは文字通り「人」でないと癒やされないため、あまり効果は期待できません。

そこで私からのご提案です。**自分自身をペットにしてみてはいかがでしょうか？**

犬のペットロボをベースに紙粘土で身体を形成し、自分の顔を取り付けるだけで、少し小さい四つん這いの自分を完成させることができるのです。

これなら「人肌」と「ペット」を両立させられるだけでなく、電池を入れれば小さい自分がガクガク動きながらキャンキャンと鳴き始めるので散歩も可能。休日はドッグランへ連れていってあげましょう。

お尻洗浄機を手作りすると、思ったよりすごい

時　間	：30分
分　類	：お役立ち
威　力	：要調整
難易度	：★★★☆☆

用を足した後、我々の下半身を洗浄してデリケートゾーンの安心と安全を守ってくれる**お尻洗浄機**。とはいえ高級品なため、未だに装着されていないトイレも多く、我が家のトイレにも付いておりません。きっと同じような境遇の方もいらっしゃることでしょう。

……ならば、この手でお尻洗浄機を作ってやろうではありませんか。どうせ時間は余るほどあるのです。夢は自分でつかみ取るもの。ならば尻の汚れも自身の手でつかみ取るのが道理というものでしょう。

用意するのは**園芸用のホース**と**散水用のジェットノズル**。それを男らしくガムテープでトイレに固定し、ホースの先端を蛇口にセットします。あとは必要な時に蛇口をひねれば、夢にまで見た「マイお尻洗浄機」の完成です！

さっそく**蛇口を思い切りひねって**使用してみましょう！

19
11
WILL SOON BE MASTER OF OTHERS

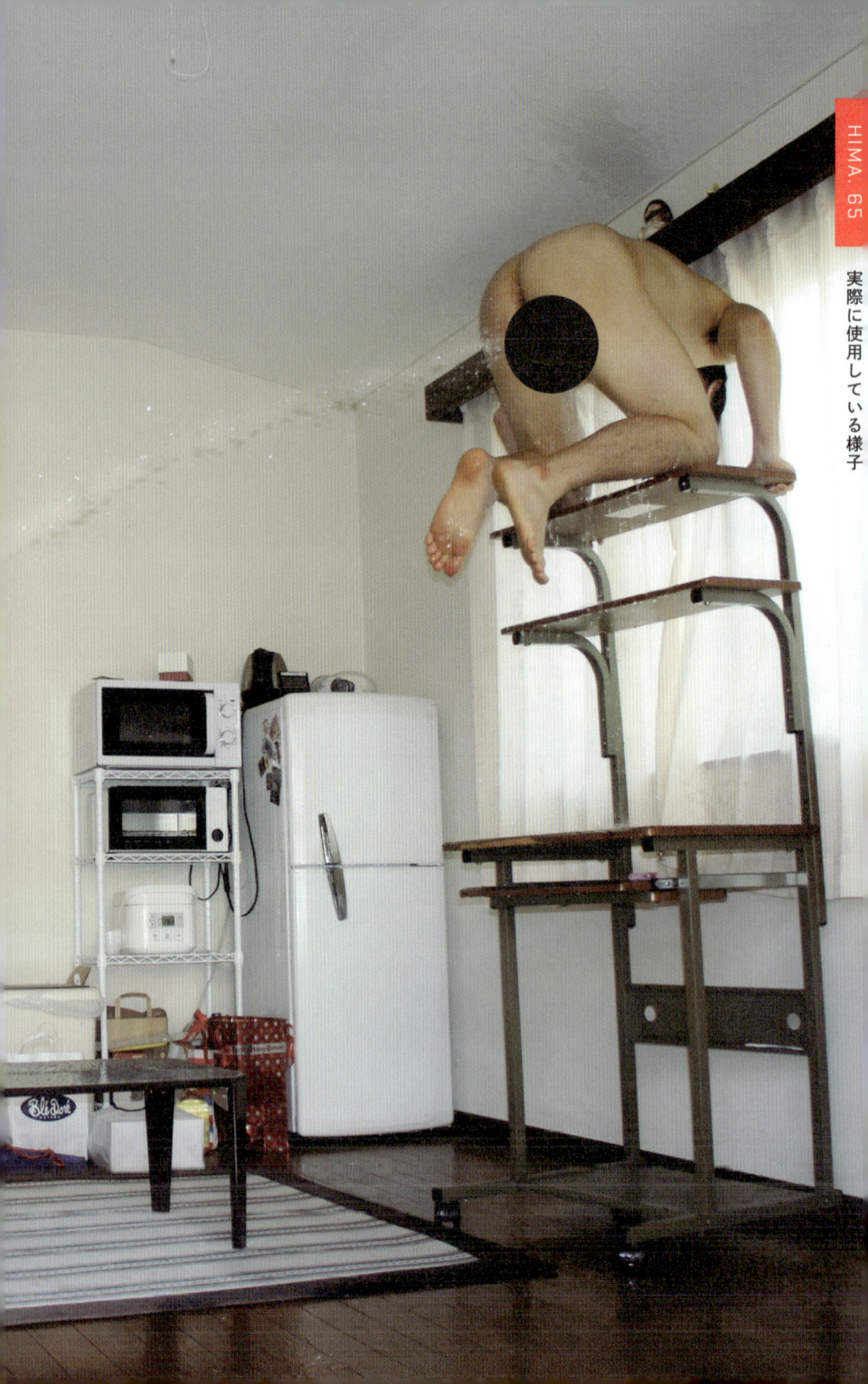

実際に使用している様子

威力が強すぎた

ミニトマトにストレスを与えると、甘くなる

時　間	：3週間
分　類	：お役立ち
活用法	：夏休みの自由研究
難易度	：★★★☆☆

以前、農業をしている祖母から、こんな話を聞いたことがありました。

「野菜は育てる過程で**ストレスを与えると甘くなる。**だから苦しい時にはこの言葉を思い出しなさい」というものです。

しかし、**ストレスで野菜が甘くなる**だなんてことが本当に起こりうるのでしょうか。孫の前で名言っぽいことを言いたかっただけなのではないでしょうか？

そこで私はミニトマトの苗を2つ購入。1つは**普通**に育て、そしてもう1つはストレスを与えながら育ててみることにしました。これで味の違いが出れば、祖母が正しいということになるわけです。

……そこからの数週間。私は、ミニトマトの実が赤く色付くまで、心を鬼にしてストレスを与え続けました。水は一度口に含んでから勢い良く吹きかけるようにし、土に刺す液体肥料の代わりに私の裸体を印刷した紙を突き刺しました。ダサいミニトマトのTシャツを作って一緒に散歩した日もあれば、渋谷のど真ん中で「**今からコイツが面白いことしまーす！**」と、通行人の視線をミニトマトに集めた日もありました。終盤には鉢植え自体を気味

悪く改造したので、ミニトマトのストレス指数は凄まじいものだったでしょう。

そして数週間後、色付いたミニトマトを食べ比べてみると、驚くべきことに確かにストレスを与えたミニトマトの方が甘くなっていたのです。調べてみると〝野菜を育てる過程で**あえて水を抜く**などのストレスを与えると、果実の中に糖分を蓄えるようになる〟との記述を発見。そういえば、後半は面倒で水をあげていませんでした。それだ。

とはいえ、あの手この手でトマトにストレスをかける方法を考えている時間は非常に充実していた気がするので、暇ならトマトを育ててみるのもアリかもしれませんね。

ケンタウロスになる

たのしい

ドリルにハンコを付けると、力強く押せる

もしも、今のあなたが暇かつ手元に**ドリル**がある場合は、そのドリルに普段とは違うものを付けてみてはいかがでしょうか？　歯ブラシを付ければ「ドリル歯ブラシ」として効率よく歯を磨けますし、フォークを付ければ「ドリルフォーク」としてスパゲティを一瞬で巻き取ることができるでしょう。

中でも私がオススメしたいのが**ハンコ**です。何かと力が入らず、インクがかすれてしまうハンコですが、ドリルに装着して回転させることにより、全力で押印することができるのです。その代償として確実に書類には穴が開きますが、それが全力を出した結果だとしたら、誰もあなたを責められません。さあ、今すぐハンコをドリルに付けて、契約書を蜂の巣にしましょう。

時　間	：	5分
分　類	：	お役立ち
書　類	：	再提出
難易度	：	★★☆☆☆

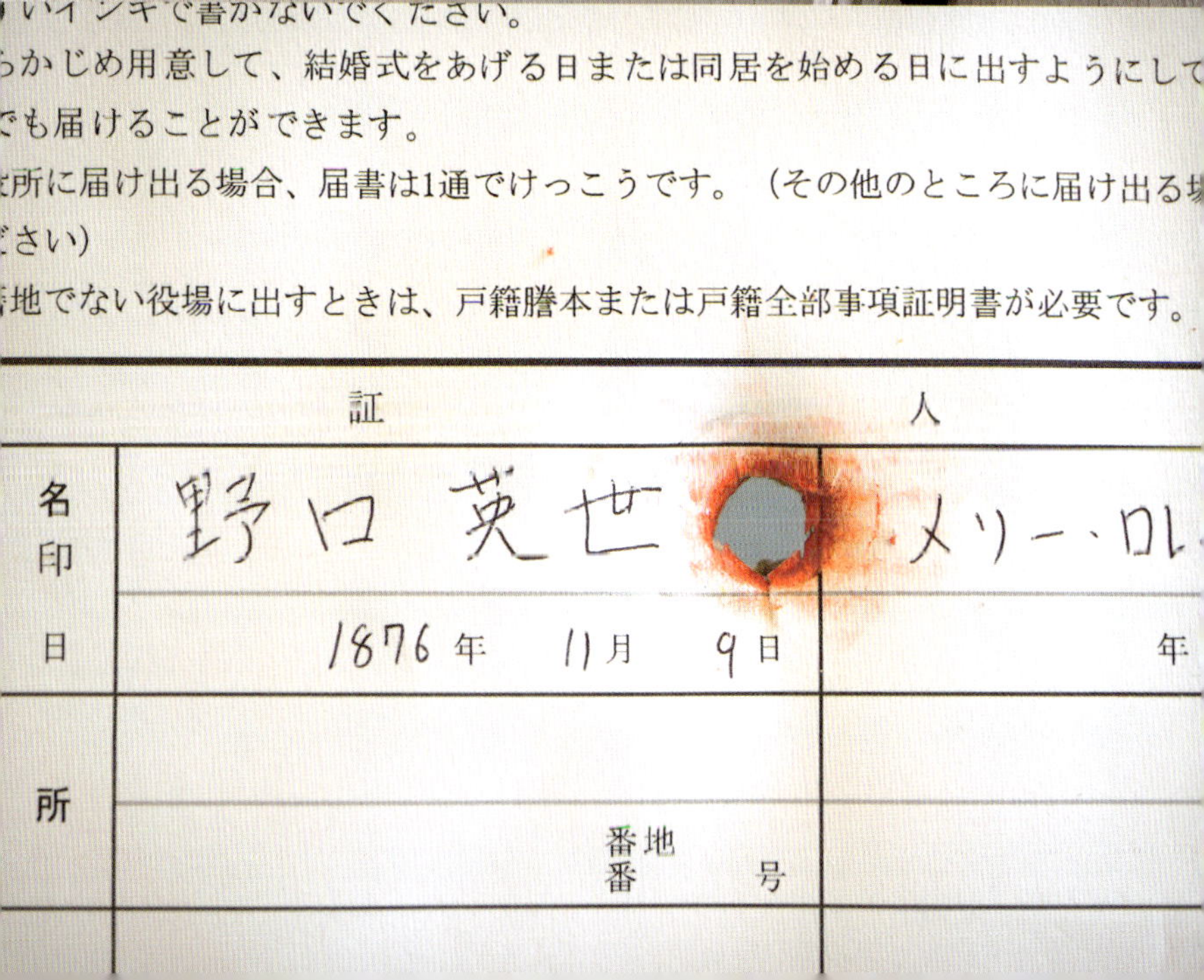
いインキで書かないでください。
らかじめ用意して、結婚式をあげる日または同居を始める日に出すようにして
でも届けることができます。
所に届け出る場合、届書は1通でけっこうです。（その他のところに届け出る場
さい）
地でない役場に出すときは、戸籍謄本または戸籍全部事項証明書が必要です。

	証	人
名印	野口 英世	メリー・ロい
日	1876 年 11 月 9 日	年
所	番地 番 号	

傘に大御所の名前を書いてコンビニに行くと、本人の気配を感じられる

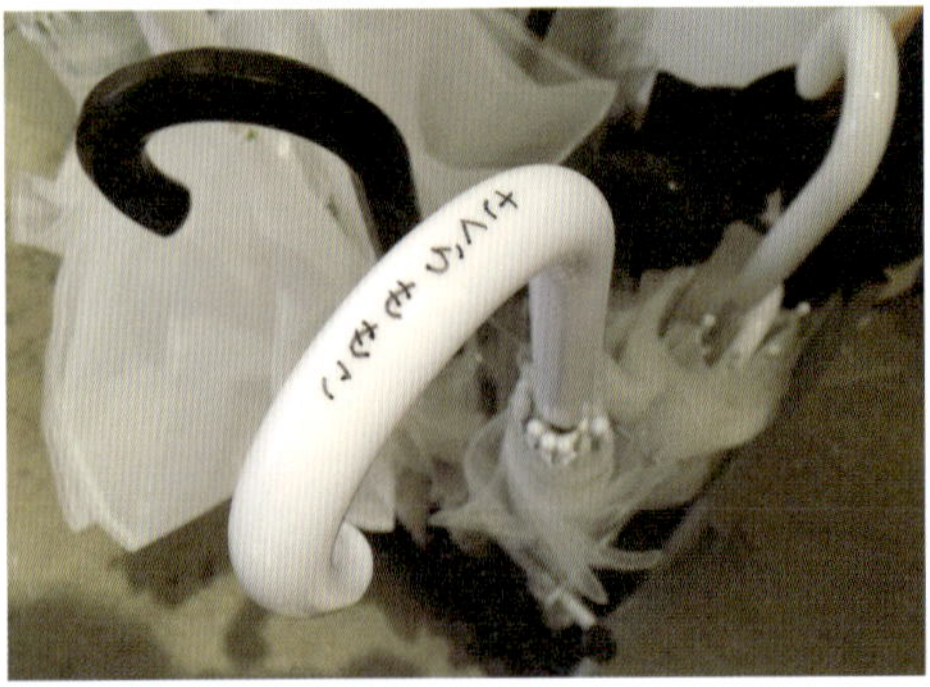

時　間	：1分
分　類	：新感覚
字　体	：少し崩した方が良い
難易度	：★☆☆☆☆

あなたに憧れの人がいるのであれば、その人の**フルネームをビニール傘に書いてみる**といいでしょう。ただ書いただけでは何の効力も発揮しませんが、その傘をコンビニの傘立てに差し込んだ瞬間、驚くべき現象が起こります。

……そう、憧れの人の名前が他の客の傘に紛れている、という絶妙にリアルなシチュエーションにより、**まるでその人物がコンビニ内にいるかのように錯覚**することができるのです。さらにその錯覚は傘を見た他の客にも伝わり、「え？　さくらももこ、いるの？」と、店内をソワソワさせることすらできるでしょう。

私はこれをしていたら傘を盗まれたことがあるのですが、それってつまり本物のさくらももこが店内にいたのでは？　と未だに思っています。

グラビアを撮ってみよう！

カラダは生モノ！ 今しかないモノ！
どうせ暇なら水着に着替えて、今のカラダを
記録しちゃえ～！

等身大のワタシ、見ぃつけた

飾らずに自然体、
それで十分

COLUMN. 8

決めてるんだ、自分に嘘はつかないって

…え？気付いた？
うん、そうだよ。髪型変えたんだっ♪

タカを訓練すると、ベランダのパンツをゲットできる

時　間	：３時間
分　類	：お役立ち
パンツ	：ボロボロにされる
難易度	：★★★★☆

動物たちとのふれあいは、荒んだ心を豊かにしてくれます。気持ちの通じ合うペットを飼えば、退屈な時間も楽しく過ごせることでしょう。

中でも、私がオススメしたい動物は「**タカ**」。とても頭がよく、人間とタッグを組んで狩猟ができるタカは、訓練さえすれば指示した獲物を狩ることが可能なのです。

試しに、タカを扱う『鷹匠《たかじょう》』の方をお呼びして、ベランダに干した私のパンツを狩ってもらうようにお願いしたところ、空高く飛び立ったタカが一瞬で私のパンツを奪い去り、優雅に手元に戻ってきました。『**ニホンパンツタカ**』の誕生です。

もしも、あなたのパンツがベランダから姿を消したら、それはニホンパンツタカの仕業かもしれませんね。

HIMA. 71

黒い紙に穴を開けると、すべてを終わりにできる

時　間	：5分
分　類	：お役立ち
友　達	：減る
難易度	：★★☆☆☆

もし、あなたが今後の人生で何もかも失敗し、「もうおしまいだ……」と、この世界に絶望するようなことがあった時には、いっそのことあなたの周りの**あらゆるものを終わらせて**みてはいかがでしょうか。

そんな魔法のようなストレス解消法は、黒い画用紙に穴を開け、右下に「おわり」と印刷するだけで実行可能です。その穴から対象物を覗き込みさえすれば、全てがアニメのエンディングさながら、「もうこりごりだよ～」と**強制的にオチて終了**してしまうのです。

しかし、私たちが深淵を覗いている時には深淵もまた私たちを覗いているように、行為中の様子を第三者から見られると、今度は自分が穴の中側の人間になってしまうため、あくまでバレないように実行しましょう。

おわり

おわり

おわりに

「退屈と布団はよく似ている。抜け出したら仕事が待っているからだ。あと、栗とウニも似てる」

——ハンス・ワーグナー

さて、様々な暇つぶしをご紹介させていただきましたが、参考になりましたでしょうか。

暇つぶしのコツとして、「**当たり前のことを疑う**」というものがあります。

日常で習慣化されていることや見慣れた風景でも、もう一度よく観察してみたり見方を変えたりすれば、これまで見逃していた**暇つぶしのヒント**が見つかるかもしれません。

もしくは、ラウンドワンとかに行けば1時間くらいはつぶせるでしょう。

こんな怪しい本を手に取っていただき、ありがとうございました。

そして、この本を作るために協力してくれた多くの方々、支えてくれた多くの友人たちに感謝します。

それでは最後に、そんな私の友人たちから、この本の**書籍化記念にプレゼントされた寄せ書き**を紹介して、私からの終わりの挨拶とさせていただきます。

みんな、本当にありがとう！

ARuFa

作者がもらった寄せ書き

SPECIAL THANKS

株式会社バーグハンバーグバーグ（オモコロ/ヌートン），イーアイデム（ジモコロ），楽天株式会社（それ、どこで買ったの？），株式会社ぐるなび（みんなのごはん），株式会社はてな，株式会社ユニクロ，株式会社レベルファイブ，株式会社BUDDHA，Hulu，大宮大奨，斎藤充博，浦島啓，吉川マッハスペシャル，かまど

ARuFa

1991年生まれ、ブロガー／ライター
2005年にインターネット上で活動を開始し、
何の役にも立たない記事を永遠に量産し続けている。
好きなものは『オムライス』、苦手なものは『激痛』。

個人ブログ「ARuFaの日記」
http://arufa.hatenablog.jp

ブックデザイン：中屋辰平
編集：佐々木幸香

超 暇つぶし図鑑

2017年5月24日　第1刷発行

著 者：ARuFa

発行人：蓮見清一
発行所：株式会社 宝島社
〒102-8388
東京都千代田区一番町25番地
電話 編集：03-3239-0928
営業：03-3234-4621
http://tkj.jp

印刷・製本：図書印刷株式会社

ISBN978-4-8002-6887-7